DIGITAL ECONOMY

AND SERVICE ORIENTED TRANSFORMATION IN MANUFACTURING INDUSTRY

数字经济与制造业服务化转型

周静 著

上海人民出版社

目　录

引　言

当前，制造业服务化转型已成为制造业高质量发展的重要方式．然而企业陷入服务化悖论、转型风险高以及区域间转型发展差距大等问题仍突出。在新一轮科技革命和产业变革的历史交汇下，数字经济日益成为经济发展的新模式、新动能，在驱动制造业服务化转型、破解转型困境中发挥着越来越重要的作用。党的二十大报告特别强调了发展数字经济，促进数字经济与实体经济深度融合。因此构建数字经济驱动我国制造业服务化转型的理论分析框架，探究数字经济驱动制造业服务化转型的机理、发展阶段和效应，从而为推进数字经济驱动制造业服务化转型提供思路创新，成为极具现实意义的重要命题。

一、选题的意义和价值

1. 独到学术价值

一是厘清数字经济驱动制造业服务化转型的理论逻辑和发展阶段，构建数字经济驱动制造业服务化转型的理论框架；二是形成数字经济驱动制造业服务化转型效应的理论分析范式和实证测量方法，对完善数字经济驱动制造业服务化转型的测度提供理论基础；三是基于数字经济驱动制造业服务化转型的理论分析提出发展的总体思路和机制创新路径，对创新和拓展数字经济驱动制造业服务化转型研究具有重要的学术价值。

2. 独到应用价值

一是系统剖析数字经济驱动制造业服务化转型三阶段发展过程，结合行业和地区异质性因素实证测量全国和上海数字经济驱动制造业服务化转型的效应，对系统掌握上海数字经济驱动制造业服务化转型的水平、特点、问题和潜力有重要的应用价值。二是国外推进数字经济驱动制造业服务化的经验借鉴及未来推进思路和路径的对策和建议，可供政府决策参考。

二、研究内容

（一）本书的研究对象

本书的研究对象是数字经济驱动制造业服务化转型的机理。从技术创新驱动、新商业模式驱动、产业融合驱动、风险约束驱动、协调发展驱动等五方面建构数字经济驱动制造业服务化转型的机理模型，分三阶段探究数字经济驱动制造业服务化转型的特征和影响因素，对数字经济驱动制造业服务化转型的关联效应、溢出效应、约束效应和协调效应进行实证分析后，研究推动数字经济驱动制造业服务化转型的总体思路和机制策略。

（二）研究的框架思路

第一部分：机理剖析。主要分析数字经济驱动制造业服务化转型的机理和过程。界定数字经济、制造业服务化等基本概念的内涵后，从五个维度构建数字经济驱动制造业服务化转型的机理模型。

技术创新驱动：一方面，数字技术通过关键资源转换，降低转型成本，有助于化解“制造业服务化悖论”，另一方面，通过技术架构的升级增加企业对客户的反应速度，以及企业内部生产方式和生产组织方式服务化变革的速度，提升转型敏捷性。

新商业模式驱动：一方面，数字经济引发的新商业模式催生了新的服务化需求市场、丰富了转型的内容、增加了转型的资源；另一方面，新商业模式重塑企业以服务为主的盈利模式，推动构建服务化生态系统。

产业融合驱动：数字经济有利于范围经济实现，进而驱动企业跨产业服务化转型。

风险约束驱动：通过数据积累和分析实现提前预警，提升企业风险防控能力，同时增加市场信息的对称性，降低为制造业企业提供金融服务的风险，也增强了政府对制造业服务化转型中债务金融风险的监管能力。

协调发展驱动：数字经济带来的高效率的信息互联有助于克服地区之间的发展不均衡，从而缩小区域间制造业服务化转型的差距。

根据数字经济的嵌入程度以及对服务化要素和用企关系的驱动重点，构建三阶段驱动模型，即数字经济驱动服务化要素升级阶段，数字经济驱动服务化关系升级阶段和数字经济驱动服务化融合升级阶段，分析各阶段的驱动重点、特征和影响因素。

第二部分：效应研究。在驱动机理的理论框架下研究数字经济驱动制造业服务化转型的四大效应。一是数字经济与制造业服务化综合关联效应，即二者间关系研究；二是数字经济与制造业服务化绩效的互动溢出效应，即相互拉动能力研究；三是数字经济与制造业服务化风险的约束效应，即降低转型风险研究；四是数字经济与区域间制造业服务化协调效应，即缩小区域间服务化差距研究。

第三部分：实证分析。以四大效应的实证检验结果来分析数字经济驱动制造业服务化转型的成效与短板。对上述四大效应结合产业异质性、所有制异质性和区域异质性构建计量模型对数字经济驱动我国和上海制造业服务化转型进行实证检验，并根据检验结果分析数字经济在驱动我国和上海制造业服务化转型上的成效和经验，总结和梳理存在的问题和短板。

第四部分：比较借鉴。借鉴美国、日本和韩国等发达地区推动数字经济驱动制造业服务化转型的实践经验。选择典型地区在推进数字经济驱动制造业服务化的机制建设、推进路径进行比较研究，梳理和吸收共性的有益做法和经验，丰富推进思路的建设与创新。

第五部分：思路举措。进一步推进我国数字经济驱动制造业服务化转型的思路和举措。根据前述研究，在理念创新、制度完善、

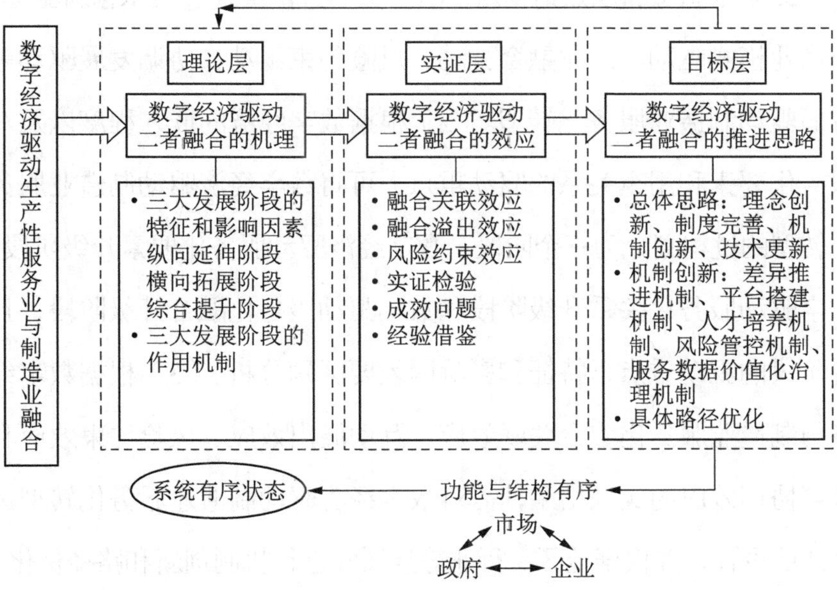

机制创新、技术更新的总体思路和指导原则下，探索在差异推进机制、平台搭建机制、人才培养机制、风险管控机制和服务数据价值化治理机制的创新思路和具体推进路径。

三、可能的创新之处

1. **研究视角的创新**。本书将“数字经济驱动制造业转型研究”与“制造业服务化转型研究”相结合，创新性地从“数字经济驱动制造业服务化”角度切入，既对制造业服务化转型的影响因素和推进路径进行了创新和拓展，也对数字经济驱动产业转型的研究框架进行进一步完善。

2. **学术思想和观点的创新**。(1)数字经济会通过技术创新驱动、新商业模式驱动、产业融合驱动、风险约束驱动、协调发展驱动等方面驱动制造业服务化转型。(2)根据数字经济的嵌入程度以及对服务化要素和用企关系的驱动重点，可将数字经济驱动制造业服务化转型的过程划分为三个阶段：数字经济驱动服务化要素升级阶段，数字驱动服务化关系升级阶段和数字驱动服务化融合升级阶段，且各阶段的驱动重点、特征和影响因素要区别分析。(3)根据数字经济与制造业服务化综合关联效应、互动溢出效应、风险约束效应和区域协调效应的实证结果，需对数字经济驱动制造业服务化转型进行顶层设计，并根据地区、行业等异质性进行机制创新和路径优化。

3. 研究方法的创新。本书运用经济学、管理学、统计学、社会学等学科的基础理论，严格遵循“定性—定量—定性”的过程，将理论演绎与实证检验、现状分析与未来构想、宏观研究与比较研究有机统一，以机理、效应和思路路径“三位一体”的创新视角展开研究。

4. 实践的创新。对数字经济驱动我国和上海制造业服务化效应的实证分析，有利于我们掌握我国的发展情况、成效和不足。对数字经济驱动制造业高质量服务化转型推进思路和具体路径的研究和设计，可供政府决策参考。

第一章　文献综述

数字经济驱动制造业服务化转型，许多学者做了有益的探索，本章将对已有文献进行梳理和总结，以期站在已有研究成果的基础上进行后续研究和探索。

第一节　制造业服务化内涵

企业以制造为中心向以服务为中心的转变过程称为制造业服务化。① 制造业服务化一词最早由 Vandermerwe & Rada 等于 1988 年提出，其过程包含仅提供物品、提供物品与附加服务、提供物品—服务包三个阶段。②Allen L. White & Linda Feng（1999）将制造业

① 刘斌、魏倩、吕越、祝坤福:《制造业服务化与价值链升级》,《经济研究》2016 年第 3 期。

② Vandermerwe Sandra，Rada Juan，Servitization of business，“Adding value by adding services”，Pergamon，1988，6（4）.

服务化定义为由于产品的服务的出现，制造业服务化模糊了制造与传统服务活动的界限，同时 White 指出信息技术的非物质化特征能够通过减少实物运输的方式实现产业服务化。① Szalavetz（2003）延续了 White（1999）的定义，认为“第三产业化”模糊了制造与服务的边界，并且一方面表现为设计、物流、雇员培训、价值链管理等内部服务要素的重要性逐步提升，另一方面则表现为诸如维修、融资、运输、安装、系统整合、技术方案等外部服务要素的重要性逐渐提升。② 这一定义在包含 Vandermerwe & Rada（1998）所提出的企业提供服务业务的基础上，指出雇员培训、物流、价值链管理等为生产服务的服务同样属于制造业企业服务化的内容，丰富了制造业服务化的内涵。刘继国（2006）基于 Porter 的价值链理论对制造业服务化的定义进一步深化，将制造业服务化划分为投入服务化与产出服务化两个层次，前者代表服务作为生产要素在制造业生产过程中的投入比例不断加大，后者则代表服务作为制造业企业的产品占比不断提升。③ 李刚等（2009）则从“产品系统”的角度对服务型制造进行定义，“制造价值链不仅生产物理产品，还提供与产品相关的服务，并将物理产品和无形服务即成为统一的‘产品系统’，

① Allen L. White，Mark Stoughton，Linda Feng，Servicizing，The Quiet Transition to Extended Product Responsibility，Boston：Tellus Institute，1999.

② Szalavetz A.，Tertiarization of Manufacturing Industry in the “New Economy”，Budapest：Hungarian Academy of Sciences Working Paper，2003.

③ 刘继国：《制造业服务化带动新型工业化的机理与对策》，《经济问题探索》2006 年第 6 期。

顾客获得的是产品和服务高度集成的‘产品系统’”。产品系统从食品、服装等纯产品，到家电、汽车等核心产品，再到最后的飞机、机床、成套设备等整合产品的服务系统。① 童有好（2015）指出制造业服务化是制造企业由提供产品制造为核心向提供产品、服务和整体解决方案并重转变的过程，促进了工业经济向服务经济过渡，其核心内容在于研发设计与整体解决方案，现阶段的重要依托为“互联网＋”等数字技术。② 徐振鑫等（2016）则进一步阐释了产出服务化的定义，认为制造业服务化是指在现代信息技术的支持下制造业产品服务环节回归制造业，推动产业形态从产品型制造向服务型制造演变的过程，其中服务型制造以满足消费者个性化需求为中心，以产品服务和物理产品为载体，是制造业服务化升级的最终目的。③

部分学者从制造业服务化的不同阶段出发阐释其内涵，除 Vandermerwe & Rada（1988）的三阶段理论外，White（1999）在“提供物品—服务包”阶段后增加了“基于物品的服务与功能”阶段，将制造业服务化过程拓展为四阶段；程巧莲和田也壮（2008）根据客户需求的变化与服务在企业业务中的比重，将制造业企业服

① 李刚、孙林岩、李健：《服务型制造的起源、概念和价值创造机理》，《科技进步与对策》2009 年第 7 期。

② 童有好：《互联网＋制造业服务化融合发展研究》，《经济纵横》2015 年第 10 期。

③ 徐振鑫、莫长炜、陈其林：《制造业服务化：我国制造业升级的一个现实性选择》，《经济学家》2016 年第 9 期。

务功能的演变划分为五个阶段，即：忽视服务、附加服务、增值服务、支持服务、独立服务。①

第二节　制造业服务化的经济效应与影响因素

现阶段国内外学者针对制造业服务化的研究大多聚焦于制造业服务化的经济效应方面，包括对企业绩效以及产业转型的影响两方面。

企业绩效方面，Mathieu（2001）指出相对于实物生产，企业的服务业务能够带来数额更大、可持续性更强、利润更高的收入，改善企业财务绩效；②Cohen et al.（2006）指出售后市场的服务为企业创造了45%的利润；③Neely（2008）首次通过实证研究检验了服务化程度与企业绩效的关系，指出服务化的制造业企业盈利能力普遍强于仅进行实物生产的企业。④国内研究方面，刘继国（2008）指出实施服务化战略是企业外部、内部因素共同作用的结果，能够有

---

① 程巧莲、田也壮：《制造企业服务功能演变与实现路径研究》，《科研管理》2008年第6期。

② Valérie Mathieu，“Service strategies within the manufacturing sector：benefits，costs and partnership”，Post-Print，2001.

③ Cohen M. A.，“Winning in the Aftermarket”，Harvard Business Review，2006.

④ Andy，Neely，“Exploring the financial consequences of the servitization of manufacturing”，Operations Management Research，2008.

效增强企业创新能力、提高企业的生产效率；① 姜铸和李宁（2015）分析了西安地区制造业企业的服务化情况与企业绩效，指出制造企业服务化程度对企业绩效有显著的正向影响；② 杜传忠和侯佳妮（2021）指出制造业与服务业的融合提升了服务业的技术效率与规模效应，进而提升了服务业的生产效率；③ 但部分学者对此提出不同观点。陈洁雄（2010）比较了中美两国的制造业服务化模式与不同模式对企业绩效的差异化影响，指出中国的服务化模式中知识与技术强度相较美国更低，对企业经营绩效具有倒 U 形的影响；④ 许和连等（2017）指出中国制造业投入服务化与企业出口 DVAR 之间呈 U 形关系，成本降低和技术创新是制造业服务化影响出口 DVAR 的可能渠道；⑤ 赵艳萍等（2021）指出中国制造业服务化与企业绩效呈倒 U 形关系，拐点位置在服务化程度约为 50% 时出现，产业成熟度与产业集中度分别起到正向与负向的调节作用。⑥

---

① 刘继国：《制造业企业投入服务化战略的影响因素及其绩效：理论框架与实证研究》，《管理学报》2008 年第 2 期。

② 姜铸、李宁：《服务创新、制造业服务化对企业绩效的影响》，《科研管理》2015 年第 5 期。

③ 杜传忠、侯佳妮：《制造业与服务业融合能否有效缓解服务业“成本病”——基于 WIOD 中国数据的经验事实》，《山西财经大学学报》2021 年第 3 期。

④ 陈洁雄：《制造业服务化与经营绩效的实证检验——基于中美上市公司的比较》，《商业经济与管理》2010 年第 4 期。

⑤ 许和连、成丽红、孙天阳：《制造业投入服务化对企业出口国内增加值的提升效应——基于中国制造业微观企业的经验研究》，《中国工业经济》2017 年第 10 期。

⑥ 赵艳萍、潘蓉蓉、罗建强、王友发、杨子超：《产业环境视角下中国制造业服务化与企业绩效关系研究》，《软科学》2021 年第 3 期。

制造业服务化不仅在企业层面对企业绩效产生影响，同时在产业层面推动制造业转型升级。制造业通过服务化转型实现产品种类增加与范围经济，同时降低价值链各环节间的协调成本，提高利润水平，实现产业从低端向高端的升级（周大鹏，2013）；①胡昭玲等（2017）测算分析了世界各国制造业服务化的特征事实，指出制造业服务化能够通过技术创新效应推动产业结构转型升级。②罗军（2018）则指出制造业能够通过服务化途径促进其在全球价值链的升级；③王思语和郑乐凯（2019）则基于国际投入产出数据，指出制造业服务化能够明显提升出口产品质量及技术复杂程度；④夏秋（2021）基于 WIOD 世界投入产出数据库分析，指出制造业服务化通过技术创新和服务需求两类中介渠道促进产业结构升级，其中生活性服务化只产生服务需求效应，生产性服务化则两者兼具。⑤刘斌等（2016）运用投入产出表、中国工业企业数据和海关进出口企业数据等合并数据，研究了制造业服务化对企业价值链升级的影响。

---

① 周大鹏：《制造业服务化对产业转型升级的影响》，《世界经济研究》2013 年第 9 期。

② 胡昭玲、夏秋、孙广宇：《制造业服务化、技术创新与产业结构转型升级——基于 WIOD 跨国面板数据的实证研究》，《国际经贸探索》2017 年第 12 期。

③ 罗军：《服务化发展与制造业全球价值链地位——影响机制与门槛效应》，《当代财经》2018 年第 11 期。

④ 王思语、郑乐凯：《制造业服务化是否促进了出口产品升级——基于出口产品质量和出口技术复杂度双重视角》，《国际贸易问题》2019 年第 11 期。

⑤ 夏秋：《制造业服务化能否促进产业结构升级——基于技术创新和服务需求的中介效应分析》，《中国科技论坛》2021 年第 7 期。

通过计量分析发现，制造业服务化不仅提高了我国企业在价值链中的参与程度，而且显著提升了我国企业在全球价值链体系中的分工地位。① 总体而言，制造业服务化对企业绩效与制造业转型升级具有显著的促进作用。

近年来部分研究者将研究视角转向制造业服务化的影响因素方面。黄群慧和霍景东（2014）则指出服务业相对生产率、经济自由度、人力资本水平、创新能力、制造部门进口和出口比重能够有效提高制造业服务化产出水平；而制造业附加值率、制造业投入服务化强度等因素对制造业服务化具有抑制作用；② 綦良群等（2014）基于国内各省市截面数据探究各类环境因素与组织因素对装备制造业服务化水平的影响，认为产业竞争强度与技术进步是影响服务化发展的主要因素；③ 王小波和李婧雯（2016）指出，市场竞争强度、服务经济水平、资源依赖性与国有及国有控股比重式投入服务化的影响因素，企业规模、企业上市时间、服务业务盈利能力则是产出服务化的影响因素；④ 仝文涛和张月友（2021）从国家产业开放政策实

---

① 刘斌、魏倩、吕越等:《制造业服务化与价值链升级》,《经济研究》2016 年第 3 期。

② 黄群慧、霍景东:《全球制造业服务化水平及其影响因素——基于国际投入产出数据的实证分析》,《经济管理》2014 年第 1 期。

③ 綦良群、赵少华、蔡渊渊:《装备制造业服务化过程及影响因素研究——基于我国内地 30 个省市截面数据的实证研究》,《科技进步与对策》2014 年第 14 期。

④ 王小波、李婧雯:《中国制造业服务化水平及影响因素分析》,《湘潭大学学报（哲学社会科学版）》2016 年第 5 期。

施角度出发，指出生产性服务业开放政策显著促进了中国制造业服务化，FDI是生产性服务业开放政策的中介效应。① 孙晓华（2020）研究发现，“营改增”政策的实施显著提升了试点地区制造业的嵌入式服务水平，产生了“服务创造”效应。同时，这一政策降低了混入式服务水平，产生了“服务挤出”效应。②

第三节　数字经济的内涵及其对产业发展的影响

一、数字经济的内涵

1996年，Don Tapscott在其著作《数字经济：网络智能时代的希望和危险》中首次提出“数字经济”这一概念，指出数字经济具有知识驱动、数字化、虚拟化、分子化、去中介化、全球化、不一致性等特征，③ 但Tapscott并未对其进行明确的概念界定；此后数字经济逐步成为各国官方与学术界关注的焦点，但对其概念始终缺乏统一、明确的阐释。

---

① 全文涛、张月友：《生产性服务业开放政策能否有效提升中国制造业服务化？》，《商业研究》2021年第6期。

② 孙晓华、张竣喃、郑辉：《“营改增”促进了制造业与服务业融合发展吗》，《中国工业经济》2020年第8期。

③ Tapscott，Don，“The digital economy：Promise and peril in the age of networked intelligence”，Educom Review，1996.

部分研究从数字经济的特征方面对其进行界定：赵玉鹏等（2003）认为数字经济是能够动态描述数据流动的经济；① 逄健和朱欣民（2013）指出数字经济是以信息和通信技术为基础，通过互联网、物联网等手段实现交易、交流、合作的数字化的过程；② 赵星（2016）将数字经济定义为发生在虚拟数字空间中、应用数字技术、交易数字产品的相关经济活动；③ 万晓榆等（2019）提出数字经济是以数字化的信息和知识作为关键生产要素、以信息通信技术融合应用、全要素数字化转型为重要推动力，促进包容、创新、高效和可持续发展的新经济形态；④ 梅宏（2021）则认为数字经济是指以数字化知识和信息为关键生产要素、以现代信息网络为重要载体、以信息通信技术的有效使用为效率提升和经济结构优化的重要推动力的一系列经济活动。⑤

也有研究从数字经济的内容方面定义数字经济：⑥ 何大安（2021）指出数字经济内涵在于厂商如何以大数据为基本分析要素，

---

① 赵玉鹏、王志远：《数字经济与数字经济时代浅议》，《广西民族学院学报（哲学社会科学版）》2003 年第 1 期。

② 逄健、朱欣民：《国外数字经济发展趋势与数字经济国家发展战略》，《科技进步与对策》2013 年第 8 期。

③ 赵星：《数字经济发展现状与发展趋势分析》，《四川行政学院学报》2016 年第 4 期。

④ 万晓榆、罗焱卿、袁野：《数字经济发展的评估指标体系研究——基于投入产出视角》，《重庆邮电大学学报（社会科学版）》2019 年第 6 期。

⑤ 何大安：《中国数字经济现状及未来发展》，《治理研究》2021 年第 3 期。

⑥ 梅宏：《大数据发展与数字经济》，《中国工业和信息化》2021 年第 5 期。

如何以互联网为交易平台以及如何以人工智能为操作手段进行投资经营，包括厂商投资经营决策、产量和价格决定、竞争和垄断形成、资源配置机制、产业组织架构、总供给和总需求、政府宏观调控等方面的内容。本质上而言，孙杰（2020）则认为数字经济并非一种独立的经济形式，其核心含义在于数字化只是和信息传输和交易对实体经济发展的巨大推动作用，对其发展与评估同样需要以其对传统经济活动的促进作用为标准。①

经济合作与发展组织（Organization for Economic Co-operation and Development，OECD，简称“经合组织”）（2014）指出，数字经济给美国带来了短期的高增长、低通胀、低失业率，因此对数字经济的测量非常重要。②然而各国对于数字经济的理解的侧重点存在差异：1997 年 5 月，日本通产省将数字经济定义为广义的电子商务，认为数字经济具备以下特征：没有人员、物体和资金的物理移动的经济是可能的；合同的签订、价值转移和资产积累可用电子手段完成；作为经济基础的信息技术将高速发展；电子商务将广泛拓展，数字化将渗透人类生活的各个方面。1998 年美国商务部首次对数字经济进行统计，③1999 年 6 月美国商务部发布的《新兴的数字

① 孙杰：《从数字经济到数字贸易：内涵、特征、规则与影响》，《国际经贸探索》2020 年第 5 期。

② OECD，Measuring the Digital Economy：A New Perspective，Oecd Publishing，2014.

③ 向坤：《从数字经济视角看数字丝绸之路建设的内涵、结构和发展路径》，《西部论坛》2017 年第 6 期。

经济》指出，数字经济包括电子商务及使电子商务成为可能的信息技术产业；① 后续则进一步明确数字经济的具体范围，包括网络网际、电子商务、电子化企业以及网络交易。② 随着21世纪数字技术的迅速发展，各国对数字经济的理解出现分化：中、韩、俄三国将数字经济归结于一种经济活动，2016年多国共同签署的《G20数字经济发展与合作倡议》将数字经济定义为：使用数字化的知识和信息为主要生产要素，以现代信息网络作为重要载体，以信息通信技术的有效使用作为效率，提升和经济结构优化的重要推动力的一系列经济活动；③ 美、法以及OECD从测算的角度按照产业、行业划分数字经济，2018年OECD以交易是否涉及ICT（information and communications technology）对经济活动是否属于数字经济范畴进行定义；④ 英国经济社会研究院从产出的角度将数字经济定义为各类数字化投入带来的全部经济产出；⑤ 澳大利亚则将数字经济理解为一种社会进程（田丽，2017）。⑥

---

① Henry，David，et al.，The emerging digital economy II，Washington，DC，US Department of Commerce，1999.

② Mesenbourg T. L.，“Measuring Electronic Business”，Definitions Underlying Concepts & Measurement Plans，1999.

③《二十国集团数字经济发展与合作倡议》，中华人民共和国国家互联网信息办公室网站：http：//www.cac. Gov.cn/2016-09/29/c_1119648520.htm。

④ Organization for Economic Co-operation and Development，http：//www.oecd.org/daf /competition/The-Digital-Economy-2012.pdf.

⑤ UK Government，Digital economy act 2010，http：//www.legislation.gov.uk/ukpga/2010/24/contents.

⑥ 田丽：《各国数字经济概念比较研究》，《经济研究参考》2017年第11期。

二、数字经济发展对产业发展的影响

现有针对数字经济推动产业发展的研究主要聚焦于产业结构优化与产业创新发展两方面：

1. 数字经济与产业结构优化

以信息技术为代表的数字经济能够有效优化传统产业价值链（Zimmermann & Koerner，1999），① 促进产业劳动生产率的提升（Stiroh，2003），② 同时对于产业结构调整具有关键作用（Jaakkola & Tenhunen，1991）。③ 数字经济探索了产业发展新内涵，开拓了产业发展新空间，催生了产业发展新领域，成为经济增长的动力源泉、新旧动能转换的核心关键、转型升级的驱动力和全球新一轮产业竞争的制高点（张于喆，2018）。④

数字经济推动产业结构转型升级的理论分析方面，赵西三（2017）指出数字经济通过破解创新链瓶颈、提升制造链质量、优化供应链效率、拓展服务链空间，破解中国制造转型升级中的痛点问

---

① Zimmermann H. D.，Koerner V.，Emerging Industrial Structures in the Digital Economy—the Case of the Financial Industry，Americas Conference on Information Systems，1999.

② Stiroh K. J.，“Are ICT Spillovers Driving the New Economy ?”，Review of Income and Wealth，Jan.，2002.

③ Jaakkola H.，Tenhunen H.，Latvala A.，“Information technology and changes in industry”，European Journal of Information Systems，1991.

④ 张于喆：《数字经济驱动产业结构向中高端迈进的发展思路与主要任务》，《经济纵横》2018 年第 9 期。

题，助推中国制造以平台化、生态化、软件化、共享化、去核化实现产业结构优化与价值链位置提升；[①]Heo 和 Lee（2019）指出 ICT 产业的溢出效应对产业结构升级具有显著的推动作用；[②]陈晓东和杨晓霞（2021）认为数字经济中数据是最为重要的生产要素，其具备的高效清洁、低成本、可复制、边际使用成本趋向于零的特点改变了工业经济时代边际报酬递减的现象，促进了价值创造能力的持续提升，并且从产业数字化与数字产业化两方面阐释了数字经济影响产业结构的两条基本路径，即孕育新产业与加速数字化。[③]董丽和赵放（2023）指出数字经济与传统技术的结合能够迅速推动技术创新和变革，并降低相关产业的边际成本。这一趋势促使企业更加注重技术提升和研发，从而建立起"产业发展—技术进步—产业发展"的良性循环机制，这种机制推动产业链结构实现从资源密集型和劳动力密集型向技术密集型的转变。[④]徐金海和夏杰长（2023）提出，数字经济不断推动数字交换技术深度融入价值链，进而促进了传统货物和服务贸易的信息化与数据化，这一变革改变了全球价值链的

---

① 赵西三：《数字经济驱动中国制造转型升级研究》，《中州学刊》2017 年第 12 期。

② Heo P. S.，Lee D. H.，"Evolution of the linkage structure of ICT industry and its role in the economic system：the case of Korea"，Information Technology for Development，2019.

③ 陈晓东、杨晓霞：《数字经济发展对产业结构升级的影响——基于灰关联熵与耗散结构理论的研究》，《改革》2021 年第 3 期。

④ 董丽、赵放：《数字经济驱动制造业产业链韧性提升的作用机理与实现路径》，《福建师范大学学报（哲学社会科学版）》2023 年第 5 期。

运行模式和盈利格局，推动了全球价值链的升级与重构。[①]

实证研究方面，石喜爱等（2017）基于省际面板数据分析了“互联网＋”对中国制造业转型升级的影响及区域差异，指出在控制外商直接投资、政府参与程度、金融发展水平等条件下，“互联网＋”能够促进中国制造业向高度化和合理化进行转型升级，且这一促进作用在中部地区最为显著；[②] 左鹏飞（2018）利用面板数据向量自回归模型分析我国2003—2014年各省市信息化水平与产业结构转型升级之间的关系，指出信息化对产业结构转型升级具有持续显著的动态促进作用，信息化与产业结构转型升级的相互拉动作用是非对等的，信息化对产业结构转型升级的推动作用要强于产业结构转型升级对信息化的推动作用；同时基于空间计量模型分析，指出信息化和产业结构升级存在显著的空间依赖性，二者呈现出区域聚集特征；信息化对本地区及相邻地区产业结构转型升级均有具有显著的正向空间冲击效应；[③] 昌忠泽和孟倩（2018）分析了1995—2012年中国省级面板数据，指出信息技术能够有效推动制造业向高新技术产业转型，促使产业结构由劳动密集型、资源密集型向知识密集型转变，

---

① 徐金海、夏杰长：《全球价值链视角的数字贸易发展：战略定位与中国路径》，《改革》2020年第5期。

② 石喜爱、季良玉、程中华：《“互联网＋”对中国制造业转型升级影响的实证研究——中国2003—2014年省级面板数据检验》，《科技进步与对策》2017年第22期。

③ 左鹏飞：《信息化推动中国产业结构转型升级研究》，北京邮电大学学位论文2017年。

中介机制包括带动信息产品消费需求、增强企业创新能力、加快人力资本积累、提高劳动生产率；[①]沈运红和黄桁（2020）将数字经济水平细分为数字基础建设水平、数字化产业发展水平，以及数字技术创新科研水平三方面，利用熵值法验证了三类因素对制造业产业结构优化升级具有显著促进作用。[②]陈晓东和杨晓霞（2021）运用灰关联熵模型实证检验了中国数字经济与产业结构间的关联，指出数字经济是产业结构升级的持续动力源泉，其中，数字产业化是产业结构升级的基础和先导条件，产业数字化对产业结构升级的促进作用则更为显著，数字经济高质量发展是引领产业结构升级的重要路径。[③]刘家旗等（2023）基于2011—2021年中国省级面板数据，对数字经济发展对产业结构升级的影响进行实证检验，研究结果显示，数字经济可以通过刺激投资需求和提高劳动力禀赋来推动产业结构升级。在数字经济对产业结构升级的优化效果方面，从低到高依次为：制造业结构升级、服务业结构升级、产业间结构升级。[④]

2. 数字经济与产业创新发展

李万等（2014）指出数字经济条件下形成的新技术范式推动了

---

① 吕忠泽、孟倩：《信息技术影响产业结构优化升级的中介效应分析——来自中国省级层面的经验证据》，《经济理论与经济管理》2018年第6期。

② 沈运红、黄桁：《数字经济水平对制造业产业结构优化升级的影响研究——基于浙江省2008—2017年面板数据》，《科技管理研究》2020年第3期。

③ 陈晓东、杨晓霞：《数字经济发展对产业结构升级的影响——基于灰关联熵与耗散结构理论的研究》，《改革》2021年第3期。

④ 刘家旗、薛飞、付雅梅：《数字经济的产业结构升级效应研究——基于供给与需求双重视角》，《统计与决策》2023年第18期。

创新范式的发展演变，迄今为止，创新范式已经历了线性创新模式、创新体系模式两个阶段，开始进入到创新生态系统阶段。①陈晓红（2018）指出数字新技术、新模式持续融合发展，引领新一轮的技术创新、管理创新和应用创新。②张亚斌和马莉莉（2015）指出数字经济背景下，信息技术的持续发展使得大量利益相关者数据能够得以采集、处理和共享，从而建构起规模更大、黏度更高的虚拟网络组织，数据不仅作为重要的要素投入生产，并且能够以多种不同的服务模式重构企业价值创新网络。③王如玉等（2018）提出"虚拟集聚"的新理念，指出其是"互联网＋"背景下产业组织的新形态，这种新形态通过实时共享各类信息，使得消费者的需求信息和生产者的供给信息更容易在网络环境中成功匹配，这将进一步推动企业实现动态的柔性生产，激发企业间的协助互动和技术创新。④张昕蔚（2019）指出数字经济时代创新活动的开展愈发依赖更加多元的创新主体的参与写作，创新组织方式向网格化、生态化方向演进，创新过程呈现出开放性、包容性的特征。⑤宋洋（2020）认为

① 李万、常静、王敏杰、朱学彦、金爱民：《创新 3.0 与创新生态系统》，《科学学研究》2014 年第 12 期。

② 陈晓红：《数字经济时代的技术融合与应用创新趋势分析》，《中南大学学报（社会科学版）》2018 年第 5 期。

③ 张亚斌、马莉莉：《大数据时代的异质性需求、网络化供给与新型工业化》，《经济学家》2015 年第 8 期。

④ 王如玉、梁琦、李广乾：《虚拟集聚：新一代信息技术与实体经济深度融合的空间组织新形态》，《管理世界》2018 年第 2 期。

⑤ 张昕蔚：《数字经济条件下的创新模式演化研究》，《经济学家》2019 年第 7 期。

产业层面数字经济的“直接效应”表现为通过信息化产品提高了经济体的生产能力，基础在于不断创新的数字化产品促进了技术的提升；经济社会层面，数字经济的“间接效应”则加强了经济子系统之间的联通效率，提高匹配效率的同时促进了技术创新。①

部分学者针对数字经济对创新的影响开展了一系列实证研究。王可和李连燕（2018）基于2012年世界银行对中国制造业企业的调查数据研究发现，互联网促进了我国制造业的创新活动，提高了制造业供应链上下游企业之间的信息分享意愿；互联网自身作为高效的商品销售和营销渠道也能够有效提升制造业企业绩效；②温珺等（2019）基于中国地级市截面数据研究，指出数字经济发展促进了区域创新能力的提升，其中技术含量最高的发明创新受数字经济发展的影响最大；③袁徽文和高波（2022）基于中国省际面板数据研究，指出数字经济发展强化了企业家精神和产业结构升级对高技术产业创新效率提升的边际效应，能够显著提升高技术产业创新效率；④申明浩等（2022）基于2011—2019年A股上市公司数据，指出数字

---

① 宋洋：《数字经济、技术创新与经济高质量发展：基于省级面板数据》，《贵州社会科学》2020年第12期。

② 王可、李连燕：《“互联网+”对中国制造业发展影响的实证研究》，《数量经济技术经济研究》2018年第6期。

③ 温珺、阎志军、程愚：《数字经济与区域创新能力的提升》，《经济问题探索》2019年第11期。

④ 袁徽文、高波：《数字经济发展与高技术产业创新效率提升——基于中国省级面板数据的实证检验》，《科技进步与对策》2022年第4期。

经济发展促进了高端人才集聚，降低了环境不确定性，进而能够显著提升企业内部创新与合作创新的绩效；① 彭硕毅和张营营（2022）则指出创新协同程度、技术吸收能力同样是数字经济发展促进企业创新的机制。② 周国富和林一鸣基于中国30个省份的面板数据研究发现，数字经济的发展在东部地区和南方地区显著促进了区域创新效率水平的提升，而在中西部地区和北方地区仅有微弱的促进作用。③ 汪文璞和徐蔼婷（2022）基于2012—2019年201个地级及以上城市和1625家上市公司的相关数据，考察了数字经济发展对企业创新效率的驱动效应与内在机制，研究发现：数字经济发展能正向驱动企业创新效率的提升，人才资源集聚效应、融资约束缓解效应和营商环境优化效应均能发挥显著的部分中介作用。④ 刘艳霞等（2023）基于2009—2020年上市公司数据发现数字化转型能够提升企业绿色创新的数量、质量和效率，且信息的传递效应和资源效应数字化转型与企业绿色创新之间发挥了中介作用。⑤

---

① 申明浩、谭伟杰、陈钊泳：《数字经济发展对企业创新的影响——基于A股上市公司的经验证据》，《南方金融》2022年第2期。

② 彭硕毅、张营营：《区域数字经济发展与企业技术创新——来自A股上市公司的经验证据》，《财经论丛》2022年第4期。

③ 周国富、林一鸣：《数字经济、制度环境与区域创新效率》，《现代经济探讨》2023年第11期。

④ 汪文璞、徐蔼婷：《数字经济能驱动企业创新效率吗》，《现代经济探讨》2022年第12期。

⑤ 刘艳霞、陈乐、周昕格：《数字化转型与绿色创新：基于信息的双重效应识别》，《改革》2023年第10期。

第四节 数字经济发展对制造业发展的影响

随着信息技术的迅猛发展，数据要素已成为制造业新的关键生产要素（Walker，2014）。① 新发展阶段，我国一直致力于推动数字经济与实体经济的深度融合，坚持走高质量发展道路，这促使工业数字化转型成为新的研究热点。现有的研究主要聚焦于企业微观和产业中观两个层面，分别从不同角度探讨数字化转型的实现途径和意义（胡海波等，2023）。② 在企业微观层面，研究主要关注数字化转型对企业运营效率、生产方式、商业模式等方面的影响。一些学者通过案例研究、实地调查等方法，深入探讨了数字化转型对企业绩效、创新能力、市场竞争力的影响。此外，还有研究关注数字化转型过程中的技术应用、数据治理、组织结构调整等问题，提出了相应的解决方案和发展建议。在产业中观层面，研究主要关注数字化转型对产业结构、产业链形态和产业生态的影响。一些学者通过对比分析、定量评估等方法，研究了数字化转型对传统产业转型升级、新兴产业培育发展的作用。同时，还有研究关注数字化转型过

① Walkers R.，“Poor internet blocks African innovative genius”，African Business，Apr.，2014.

② 胡海波、毛纯兵、周洁：《中国工业数字化转型的演变逻辑与未来展望》，《管理学刊》2023 年第 4 期。

程中的政策支持、公共服务、人才培养等方面的问题，提出了相应的政策建议和发展思路。

刘海军和李晴（2020）指出作为数字经济发展的基础条件，新基建与制造业具有天然联系，二者互有交集、相互促进，在以5G、区块链等技术基础设施为代表的新形态之外，新基建还涉及对传统基础设施的数字化改造，能够促进制造业需求侧产生积极变化；① 裘莹和郭周明（2019）刻画了数字经济促进中小企业价值链攀升的动态机制，包括数字经济降低价值链链接成本、推动工艺升级的初始连接阶段，提升规模经济、推进企业产品升级的全面发展阶段，推动知识内化、实现企业功能升级的层级跃升阶段，重塑价值链治理结构、推动企业链条升级的高水平参与阶段。② 马中东和宁朝山（2020）指出数据、信息等知识密集度更高的要素具有高渗透性和高协同性特征，基于数字经济网络化特征所构建的高度互联互通并具有正外部性效应和规模效应的网络化结构为各类要素的创造、集聚、转移和应用创造便利条件，实现要素供需精准匹配，能够有效促进制造业质量升级。③ 戚聿东和肖旭（2020）指出数字化转型对于提升制造业企业的全要素生产率具有显著作用。通过引入大数据、区块链、人工智能、云计算等先进的数字技术，企业能够重塑

① 刘海军、李晴：《新基建加速制造业转型升级》，《当代经济管理》2020年第9期。

② 裘莹、郭周明：《数字经济推进我国中小企业价值链攀升的机制与政策研究》，《国际贸易》2019年第11期。

③ 马中东、宁朝山：《数字经济、要素配置与制造业质量升级》，《经济体制改革》2020年第3期。

生产流程，优化信息结构，进而降低生产成本、管理成本和服务成本，提高生产效率。① 李春发等（2020）指出，数字经济具备驱动制造业产业链组织分工拓展、交易成本降低、价值分配转移的能力，从而实现制造业产业链的数字化转型。这一转型过程可以通过推动数字基础设施的升级改造以及数字新技术在传统制造领域的赋能创新来实现。② 王才（2021）指出数字化进程显著增强了企业与产业链各环节的协作效率及企业内部各部门的协同性。这一进步为企业带来了一种全新的协同作战模式，促使企业从传统的“各自为战”状态转变为“协同作战”状态，从而充分激发协同创新，全面提升企业整体的创新能力。③ 王小波和孔莉霞（2023）指出数字经济有助于制造业企业降低边际成本，进而降低整个行业的生产成本，使得 U 形成本曲线中的平均成本最低点范围得到拓展，从而推动生产的规模效应。在此基础上，数字经济还能够有效整合劳动力、资本等生产要素，通过模块化、差异化生产实现范围经济，进而加速制造业的集聚。④ 董丽和赵放（2023）强调，数字经济在提升制造业产业链韧性方面，可从稳定产业链、补齐产业链和强化产业链三个

① 戚聿东、肖旭：《数字经济时代的企业管理变革》，《管理世界》2020 年第 6 期。

② 李春发、李冬冬、周驰：《数字经济驱动制造业转型升级的作用机理——基于产业链视角的分析》，《商业研究》2020 年第 2 期。

③ 王才：《数字化转型对企业创新绩效的作用机制研究》，《当代经济管理》2021 年第 3 期。

④ 王小波、孔莉霞：《城市数字经济发展对制造业集聚水平的影响》，《经济地理》2023 年第 9 期。

层面进行。为充分发挥数字经济的驱动效应，应聚焦以下三个维度：抵抗力维度，恢复力维度，转型力维度。①

实证研究方面，Mikalef 和 Pateli（2017）基于结构方程模型（SEM）研究了 274 家跨国企业数据，指出 IT 技术促进了企业的资本市场化和运营调整两种敏捷性（agility），进而提高了企业的竞争能力。② 同时也能优化企业内部、外部沟通机制，从而提高制造业企业绩效。③ 戚聿东和蔡呈伟（2020）以文本挖掘方度量中国非高新技术制造业数字化程度，指出数字化通过商业模式的创新以及管理模式的失调分别对制造业企业绩效存在正向与负向的影响，加总的总体效应不显著，企业规模与数字化补助分别能够放大与缩小这一影响。④ 何文彬（2020）基于国际竞争力考量的全球价值链框架视角，分析了数字经济影响中国制造业的重构效应，指出数字化投入对中低和中高知识密集制造业部门的全球价值链高端化具有显著推动作用，这一作用在研发力度更高的部门效用更为突出。刘新争（2023）通过对创新策略选择和要素配置的深入剖析，阐明了数字化

① 董丽、赵放：《数字经济驱动制造业产业链韧性提升的作用机理与实现路径》，《福建师范大学学报（哲学社会科学版）》2023 年第 5 期。

② Mikalef P.，Pateli A.，“Information technology-enabled dynamic capabilities and their indirect effect on competitive performance：Findings from PLS-SEM and fsQCA”，Journal of Business Research，2017.

③ Bayo-Moriones A.，Billon M.，Lera-Lopez F.，“Perceived performance effects of ICT in manufacturing SMEs”，Industrial Management & Data Systems，2013.

④ 戚聿东、蔡呈伟：《数字化对制造业企业绩效的多重影响及其机理研究》，《学习与探索》2020 年第 7 期。

转型对制造业企业全要素生产率的影响，指出数字化转型程度与企业全要素生产率之间存在U形关系，在数字化转型的初期阶段，企业全要素生产率会出现下滑趋势，形成“生产率悖论”，只有当数字化水平超越某一关键拐点，并达到一定的高度时，企业全要素生产率才会开始呈现出上升的趋势①。郭馨梅和陈欢（2023）采用熵值法测算出2013年至2020年我国30个省份的数字经济发展水平和制造业升级水平，研究结果表明，数字经济通过企业家的创新精神、创业精神和创新资源配置来推动制造业升级，此外，地区数字经济水平的提高和产业集聚发展不仅有助于本地区制造业的现代化升级，还有助于邻近地区的制造业升级发展。②彭晓楠和赵景峰（2023）的研究结果显示，数字经济对中国省级制造业出口技术复杂度有着显著的推动作用，并进一步指出数字经济对出口结构升级的影响存在着金融发展水平和对外开放水平的门槛效应，只有当这些因素超过特定门槛值时，数字经济才能有效地促进制造业出口技术复杂度的提升。③纪玉俊和牛亚新（2023）对数字经济对制造业集聚的影响效应进行了深入研究，结果显示，数字经济对制造业集聚的影响呈现出倒U形的非线性特征，数字经济在一定范围内可以促进制造

① 刘新争：《企业数字化转型中的“生产率悖论”——来自制造业上市公司的经验证据》，《经济学家》2023年第11期。

② 郭馨梅、陈欢：《数字经济赋能制造业升级的影响效应研究》，《企业经济》2023年第10期。

③ 彭晓楠、赵景峰：《数字经济与中国制造业出口结构升级》，《统计与决策》2023年第18期。

业集聚，但超过一定范围后，则会抑制制造业集聚。此外，数字经济主要通过虚拟集聚和人工智能两种途径对制造业集聚产生影响。①在制造业绿色转型方面，李帅娜等（2023）对数字化对制造业绿色转型的影响及其异质性冲击进行了实证检验。结果显示，数字化在生产率和产业结构方面对制造业绿色转型产生了显著的赋能效应，并且数字化对制造业绿色转型的边际效应呈现出递增的特征。进一步分析表明，数字化对制造业绿色转型的推动作用在北方地区尚未显现，而在南方地区已经有所体现。②杨来科和闫珂（2023）深入考察了数字化转型对制造业企业污染排放的影响，研究结果表明，数字化转型对制造业企业的污染排放具有显著的抑制作用，这一抑制作用主要通过促进能源消费结构转型的前端控制、提高生产率，以及提升污染处理能力的末端治理得以实现。③

第五节　数字经济发展对制造业服务化发展的影响

制造业服务化是制造企业转型的关键途径，旨在推动制造业向

---

① 纪玉俊、牛亚新:《数字经济影响下的制造业集聚：新机制与新证据》,《科技管理研究》2023 年第 18 期。

② 李帅娜、刘东阁、梁志杰:《促进还是抑制：数字化与制造业绿色转型发展》,《当代经济管理》2023 年第 11 期。

③ 杨来科、闫珂:《数字化转型对中国制造业企业污染排放的影响——基于微观层面的三维面板数据分析》,《资源科学》2023 年第 8 期。

全球价值链高端迈进，并实现产业结构优化升级。随着数字经济不断发展，学术界日益重视数字化与制造业服务化之间的关系，以及数字化对制造业服务化的影响路径、影响类型和治理机制。[①]黄光灿和马莉莉（2023）指出，数字化与制造业服务化之间是双向影响的：数字技术对制造业服务化有推动作用，同时制造业服务化对数字化技术有反哺作用。数字化技术为制造业提供了更加高效、精准的生产方式，也为制造业拓展了更加多元化的市场和商业模式；而制造业服务化则使得数字化技术的应用更加广泛，为数字化技术提供了更加广阔的发展空间。[②]其次，从数字技术对制造业服务化的影响路径看，主要包括以下几个方面：一是生产方式的变革，数字化技术使得生产方式变得更加高效、精准，提高了生产效率和产品质量；[③]二是商业模式的创新，数字化技术使得企业能够更加准确地了解市场需求和消费者行为，为商业模式的创新提供了更多可能性；[④]三是组织结构的优化，数字化技术使得企业内部的信息传递更加高效、准确，有助于企业组织结构的优化和调

---

① 王锋波、钟坚、刘胜：《数字化转型对制造业服务化的影响：理论探索与经验辨识》，《经济问题探索》2023 年第 7 期。

② 黄光灿、马莉莉：《工业互联赋能制造业服务化的转型逻辑与治理实践》，《国际商务研究》2023 年第 5 期。

③ Gary L.，Andrés R.，“External Economies and International Trade Redux”，The Quarterly Journal of Economics，Apr.，2013.

④ 杜传忠、张远：《数字经济发展对企业生产率增长的影响机制研究》，《证券市场导报》2021 年第 2 期。

整。[①] 从类型看，根据数字化技术对制造业服务化的影响程度和方式不同，Cusumano A. et al.（2015）指出数字化技术对制造业服务化的影响类型可以分为以下几种：一是直接替代型，即数字化技术直接替代了传统的生产方式或商业模式；二是融合发展型，即数字化技术和传统产业相互融合，共同发展；三是拓展型，即数字化技术为企业拓展了新的市场和商业模式；四是创新型，即数字化技术催生了全新的产业和商业模式。[②] 从治理机制看，为了充分发挥数字化对制造业服务化的积极作用，需要建立完善的治理机制。已有研究主要强调了以下几个方面：一是制定相关政策和法规，为数字化技术的发展提供支持和保障；二是加强数字化技术的研发和应用，提高数字化技术的核心竞争力和创新能力；[③] 三是建立数字化技术与制造业的融合平台，促进数字化技术和制造业的深度融合和发展；[④] 四是加强人才培训和教育，培养更多具有融合技能的数字化技术人才和制造业服务化人才。[⑤]

---

① Gebauer，Heiko，Kowalkowski，et al.，“Customer-focused and service-focused orientation in organizational structures”，The Journal of Business Industrial Marketing，Jul.，2012.

② Cusumano A. M.，Kahl J. S.，Suarez F. F.，“Services，industry evolution，and the competitive strategies of product firms”，Strategic Management Journal，Apr.，2012.

③ 韩先锋、宋文飞、李勃昕：《互联网能成为中国区域创新效率提升的新动能吗》，《中国工业经济》2019 年第 7 期。

④ 张远、李焕杰：《数字化转型与制造企业服务化——基于嵌入式服务化和混入式服务化的双重视角》，《中国流通经济》2022 年第 2 期。

⑤ 徐向龙：《数字化转型与制造企业技术创新》，《工业技术经济》2022 年第 6 期。

部分学者从微观层面深入分析了数字经济发展影响制造业服务化的内在机理。赵振（2016）从需求面、供给面、企业内部过程三方面阐释“互联网 +”促进制造业企业服务化转型的模式：需求方面，“互联网 +”的“脱媒”作用有效克服了“顾客接近悖论”；供给方面，“互联网 +”促进了生产过程中要素、企业的匹配；企业内部过程方面，“互联网 +”提升了组织各层级的信息传递效率，促进了复杂的服务化实施过程中企业内部的同步协作。① 总体来看，数字新技术作用下的“产业链组织分工边界拓展、交易成本降低、价值分配转移、需求变化倒逼”四个方面则为制造业转型提供了动力与支撑。② 首先，制造业企业实现服务化转型的核心表现之一在于精准把握、充分满足消费者需求，从满足用户个性化需求、实现规模定制的角度来看，数字经济赋能企业转型的表现之一便在于产品导向向用户体验的转变，数字经济发展带来的消费者需求多维数据使得消费者个性化需求成为制造业提供服务的原动力（焦勇，2020）。③Paritala P. et al.（2017）指出数字制造（digital manufacturing）使得制造业企业能够有效管理产品的整个生命周

① 赵振：《“互联网 +”下制造企业服务化悖论的平台化解决思路》，《科技进步与对策》2016 年第 6 期。

② 李春发、李冬冬、周驰：《数字经济驱动制造业转型升级的作用机理——基于产业链视角的分析》，《商业研究》2020 年第 2 期。

③ 焦勇：《数字经济赋能制造业转型：从价值重塑到价值创造》，《经济学家》2020 年第 6 期。

期，缩短了设计和生产产品的时间；[①]Boucher et al.（2020）指出数字经济促进了产品与服务的整合，其发展所带来的数据分析能力推动企业的重心向产品—服务体系中的服务端转移，进而使得企业实现服务化转型。[②]周文辉等（2018）则基于案例分析指出，数字化赋能企业的方案设计、订单控制、拆单排产等流程，推动传统制造企业实现大规模定制技术创新。[③]其次，服务化转型要求制造企业在产品生产之外关注消费者的衍生需求，涉足复杂的服务设计与服务交付领域，对企业内部管理效能具有较高要求。数字经济能够提升企业内部管理效能，在经营生产上，互联网技术在消化营销、管理和研发等广义交易成本中有积极作用（张磊等，2016）[④]；在商业模式上，以工业互联网技术为代表的数字化技术通过推动创建制造过程网络，促进工厂转变为智能制造环境（苏郁锋、吴能全、周翔，2017）[⑤]，从价值主张、设备管理与客户关系三方面对企业的商业模

---

① Paritala P. K.，Manchikatla S.，Yarlagadda P.．“Digital Manufacturing—Applications Past，Current，and Future Trends”，Procedia Engineering，2017.

② Boucher X.，Pirola F.，Wiesner S.，et al.，“Digital technologies in product-service systems：a literature review and a research agenda”．Computers in Industry，Jan.，2020.

③ 周文辉、王鹏程、杨苗：《数字化赋能促进大规模定制技术创新》，《科学学研究》2018 年第 8 期。

④ 张磊、张鹏：《中国互联网经济发展与经济增长动力重构》，《南京社会科学》2016 年第 12 期。

⑤ 苏郁锋、吴能全、周翔：《制度视角的创业过程模型：基于扎根理论的多案例研究》，《南开管理评论》2017 年第 1 期。

式发出挑战（KIELD 等，2017）①；产业链层面，制造业智能化转型则有助于企业实现提质降本。② 最后，生产实物产品与提供服务二者在价值链特征、行业关注焦点以及治理结构等方面存在巨大差异，服务化转型将使企业嵌入两种不同的网络关系，对于制造业企业具有较大难度。③ 而数字经济环境下企业间业务往来实现数字化，企业间交易成本大大降低，卢亚和（2021）通过实证研究证明了降低交易成本是数字经济提升企业效率的中介机制。④ 宏观层面来看，信息技术可以形成兼具规模经济、范围经济及长尾效应的经济环境，从而更好匹配供需，形成更完善的价格机制（荆文君等，2019），⑤ 进一步则能够降低资本要素的错配水平。⑥

在此之外，部分学者以案例分析或实证检验的方式探究数字经济对制造业服务化的影响。刘斌等（2016）运用投入产出表、中国

---

① Kiel D.，Arnold C.，Voigt K.-I.，“The influence of the industrial internet of things on business models of established manufacturing companies—a business level perspective”，Technovation，2017.

② 尹华、余昊、谢庆：《基于价值链优化的制造企业智能化转型升级研究》，《中国科技论坛》2021 年第 3 期。

③ 赵振：《“互联网 +” 下制造企业服务化悖论的平台化解决思路》，《科技进步与对策》2016 年第 6 期。

④ 卢亚和：《数字经济发展对物流效率提升的影响——基于交易成本的分析》，《商业经济研究》2021 年第 16 期。

⑤ 荆文君、孙宝文：《数字经济促进经济高质量发展：一个理论分析框架》，《经济学家》2019 年第 2 期。

⑥ 张永恒、王家庭：《数字经济发展是否降低了中国要素错配水平？》，《统计与信息论坛》2020 年第 9 期。

工业企业数据和海关进出口企业数据等合并数据，进行了系统性的研究，探讨了制造业服务化对企业价值链升级的影响。通过计量分析发现，制造业服务化不仅提高了我国企业在价值链中的参与程度，而且显著提升了我国企业在全球价值链体系中的分工地位。① 胡查平等（2019）选取长沙远大、深圳华为和陕鼓集团这三大成功转型为服务化战略的传统制造企业作为研究对象，发现企业转型过程中涉及的五个范畴：顾客知识获取能力、支持顾客产品的服务提供、支持顾客行为的服务提供、顾客服务操作能力，以及制造业服务化绩效，并以此为基础构建了制造业服务化战略生成逻辑与作用机制的理论模型。②Rymaszewska A. et al.（2021）分析了金属加工、发电以及配电行业的制造业企业案例，指出互联网特别是物联网（IoT）的发展能够充分激发制造业企业产品—服务系统的潜力；③ 赵宸宇（2021）基于 2007—2017 中国 A 股制造业上市公司数据，分析了数字化发展的服务化转型效应，指出数字化发展通过提高企业创新能力、优化人力资本结构的机制促进了企业服务化转型，这一促进作用受到地区知识产权保护力度、服务业开放度和

---

① 刘斌、魏倩、吕越等：《制造业服务化与价值链升级》，《经济研究》2016 年第 3 期。

② 胡查平、汪涛、胡琴芳：《制造业服务化战略生成逻辑与作用机制——基于制造业的多案例研究》，《科研管理》2019 年第 8 期。

③ Rymaszewska A., Helo P., Gunasekaran A., "IoT powered servitization of manufacturing—an exploratory case study", International Journal of Production Economics, 2017.

企业要素密集度的差异性影响；[①] 郑季良和李汝仙（2022）基于北京市 2004—2020 年数字经济与制造业各项指标，通过实证研究指出数字经济基础设施发展能够有效赋能制造业服务化。[②] 杨倜龙和郭克莎（2023）采用熵权法测度了 2011—2020 年我国 31 个省区的数字经济发展综合指数，研究发现，数字经济对制造业占比的影响主要通过促进产业融合这一途径来实现。随着数字经济推动制造业服务化程度的提高，制造业将倾向于向服务化方向发展，从而降低制造业占比。蒋军锋与尚晏莹（2022）运用商业模式创新框架对美的公司进行了单案例探究，研究表明：数据赋能主要通过价值捕获、价值传递和价值创造三个维度来推动制造企业的服务化转型，具体表现为“数据赋能—工业数字化能力、产品数据利用能力、客户价值互动能力的提升—工业服务化、客户服务化与价值服务化的组合影响”的动态过程。[③] 张远和李焕杰（2022）基于手工整理的企业数字化投资数据和 Python 软件抓取的数字技术应用数据，分析了数字化转型对制造企业服务化的影响，研究表明：数字化转型对制造企业服务化具有显著的激励效应，但这种效应主要表现在对嵌入式服务化的正向促进作用上，而对混入式服务化的影响并不显

---

① 赵宸宇：《数字化发展与服务化转型——来自制造业上市公司的经验证据》，《南开管理评论》2021 年第 2 期。

② 郑季良、李汝仙：《数字经济赋能制造业服务化发展研究——以北京市为例》，《昆明理工大学学报（社会科学版）》2022 年第 4 期。

③ 蒋军锋、尚晏莹：《数据赋能驱动制造企业服务化的路径》，《科研管理》2022 年第 4 期。

著。[①] 罗世华等（2023）基于2013—2020年中国A股制造业上市企业数据，采用文本分析法构建衡量大数据应用程度的指标，并探讨了企业层面大数据应用对制造业服务化的内在影响机制。研究结果显示，大数据应用与制造业服务化之间存在U形关系。此外，降低融资成本、提高市场匹配度和提升组织管理能力是大数据应用促进制造业服务化的重要途径。[②]

第六节　评　述

数字经济是推动制造业高质量发展的重要驱动力，制造业服务化是产业转型升级、向价值链高端迈进的重要方式，国内外已有研究成果为本研究奠定了良好基础。然而，目前将数字经济与制造业服务化转型相结合的研究尚不丰富，还有很多方面有待继续深化研究。

一方面研究视角不够完善。当前对制造业服务化影响因素的研究主要集中于传统的因素分析，例如创新能力、市场竞争强度和企业规模等。然而，对于数字经济这种新型经济范式对制造业服务

① 张远、李焕杰：《数字化转型与制造企业服务化——基于嵌入式服务化和混入式服务化的双重视角》，《中国流通经济》2022年第2期。

② 罗世华、戴玉芳、王栋等：《大数据应用对制造业服务化转型的作用机制》，《经济地理》2023年第10期。

化的影响，却鲜有研究关注。尽管制造业服务化转型已成为一种趋势，但如何建立数字经济驱动我国制造业服务化转型的理论分析框架，以及如何分析数字经济驱动制造业服务化转型的效应并考虑异质性因素的实证检验，仍需进一步探索和研究。这不仅需要进一步拓展研究视角，以更全面地理解制造业服务化的影响因素，还需要结合我国制造业的实际情况，探索数字经济驱动制造业服务化转型的有效模式和路径，为我国制造业的升级转型提供新的思路和方法。此外，不同行业、不同地区的企业在制造业服务化转型过程中可能面临不同的挑战和机遇，在进行实证检验时还要考虑异质性因素。

另一方面推进思路缺少顶层设计。当前关于数字经济驱动制造业服务化转型的研究多偏重企业微观视角，较少从产业发展转型的战略高度进行。然而客观上，数字经济对制造业服务化转型的影响的深度和广度都在扩展和增强，亟待进行顶层设计。因此，要充分发挥数字经济的潜力，推动制造业的服务化转型，需要从产业发展的全局出发，综合考虑数字经济与制造业服务化转型的互动关系，进行全面的顶层设计。这包括制定清晰的发展战略，明确数字经济的角色和作用，以及确定具体的实施路径和措施。此外，还需要深入理解数字经济的内在机制和规律，掌握其在制造业服务化转型中的独特作用，确保数字经济的优势能够得到充分发挥。从而制定出科学合理的发展战略，为制造业的服务化转型提供有力的政策支持和指导。

因此，无论是从丰富制造业服务化理论出发，还是从推动服务经济加速驱动制造业服务化转型的现实需要出发，探索“数字经济驱动制造业服务化转型的机理和上海推进思路研究”都是富有价值和前瞻性的研究。

第二章　制造业服务化的内涵、阶段性特征和机理

制造业服务化转型已成为各国优化产业结构、提升产业能级和综合竞争力的重要手段，制造业服务化可以从产品、企业和产业三个维度去理解其内涵，可划分为辅助服务化阶段、专业服务化阶段和系统服务化阶段三个发展阶段，不同发展阶段下制造业服务化的转型重点和影响因素均不相同。

第一节　问题提出

当前，中国经济正处于从高速增长转向高质量发展的关键时期，习近平总书记指出，推动经济高质量发展，要把重点放在推动产业结构转型升级上。产业转型升级，一般是指从低附加值向高附加值转型，从高能耗高污染向低能耗低污染转型，从粗放型发展模式向

集约型发展模式转型，提升经济发展的平衡性、协调性，最终实现更有效率、更加公平、更可持续和更为安全的发展。

当前，百年变局加速演进，世界之变、时代之变、历史之变，正在以前所未有的方式展开，经济全球化遭遇逆流，单边主义、保护主义明显上升，产业链、供应链发展呈现区域化、本土化趋势，全球经济发展面临重大挑战，国际金融市场更趋动荡脆弱，高风险、高波动或成为常态。受地缘政治、气候变化等多重因素影响，当前全球主要经济体通胀位于世界多年来高位，发达国家央行大幅收紧货币政策，疫情后经济重启带来的顺周期动能逐步减弱，经济衰退风险上升，与此同时，能源危机、人口老龄化、贫富差距扩大进一步削弱了潜在增长动力。全球公共债务高企使得全球财政政策扩张空间受限。各个宏观调控政策，在稳增长、抑通胀、防风险中艰难平衡。历史经验显示，通过强力加大措施，同时实现抑制通胀和经济软着陆的目标并非易事，全球经济复苏之路依然充满挑战。在复杂的国内外经济发展环境之下，探索产业未来发展出路、找到转型升级的突破口、培育新的增长极的要求迫在眉睫。

制造业服务化这一全球制造业发展新趋势一方面通过“制造 + 服务”的方式向客户提供一体化解决方案，从而提升顾客的满意度和幸福感，提升企业的附加价值和竞争力，另一方面通过减少资源要素的投入降低企业成本，减轻环境资源压力，从而为产业转型发展提供更多的空间和可能性。制造业服务化转型的作用和意义，表现在以下几个方面：一是增强制造业的创新能力。近些年我国制造业快速发展，规模体量迅速增长，但仍没有摆脱在某些方面受制于人，关键领域“卡脖子”的风险仍然存在。而制造业服务化转型可以为传统的制造业产业链重新优化资源配置，扭转创新资源重复、低效和分散运作的局面，使产业链、科技链和创新链三链融合，提升制造业的创新能力；二是有效提高制造业供给质量。当前我国制造业供给质量不高，专业化程度不高，与经济高质量发展的要求还存在差距，因此我们推进供给侧结构性改革，以期提高供给质量，提升人民对产品和服务的满意度。制造业向产业链前端和后端延伸的服务化转型，可以为客户提供持续的一揽子服务支持，提升被服务对象的获得感，也增加了制造厂商与客户的黏度。三是提升企业效率并增加利润。制造企业如果仅生产并销售产品，其利润点便非常单一，服务化转型后，可延长制造业企业在产业链的长度和控制力，并扩展利润增长点。四是符合绿色可持续发展要求。“绿水青山就是金山银山”，我国制造业不能再走过去高污染、高能耗的老路，服务业作为低能耗、低污染的绿色产业，是国家和地方政府都大力扶持的产业。因此，加快制造业与服务业的融合发展，可以减轻经济增长对资源和环境所造成的压力。

制造业服务化转型有助于制造业高质量发展已得到大量研究证实。但制造业服务化在产品、企业和产业三个维度有不同的表现和影响，因此其内涵也应从三个维度分别进行剖析，辅助服务化阶段、专业服务化阶段和系统服务化阶段的影响因素也有不同，应分别予以阐释。

第二节　制造业服务化内涵

制造业服务化，也称为服务型制造，最早是由学者 Vandermerwe 和 Rada 在 1988 年首次提出，将服务化（Servitization）定义为企业由单纯提供物品向提供服务包转变，该服务包不仅包括物品，还包括以客户为中心的服务、支持、知识等，而其中的服务是企业价值增值的主要来源。[①] 而后国内外诸多学者对这一问题进行了研究，Reiskin 和 White 等学者指出服务化是制造业角色的转变，由有形产品的生产制造者向无形服务的提供者转变，[②]Fishbein 等（2000）、Makower（2001）和 Szalavetz（2003）等学者都有类似的判断。Baines（2008）和 Visnjic 等（2012）分别从创新角度强调服务化是一种组织能力和流程的革新，[③] 以及一种商业模式创新。[④]Fang，Y. 等人将产品服务系统纳入服务化的概念中，认为制造业服务化是

---

① Vandermerwe S. & Rada J.，“Servitization of Business：Adding Value by Adding Services”，European Management Journal，Apr，1988.

② White A. L.，Stoughton M. & Feng L.，Servicizing，The Quiet Transition to Extended Product Responsibility，Boston：Tellus Institute，1999.

③ T.S. Baines et al.，“The Servitization of Manufacturing：A Review of Literature and Reflection on Future challenges”，Journal of Manufacturing Technology Management，May，2008.

④ Visnjic I.，Neely A.，Wiengarten F.，“Another Performance Paradox?：A Refined View on the Performance Impact of Servitization”，SSRN Electronic Journal，2011.

企业将重点由产品销售转变为一体化解决方案。国内学者对于制造业服务化内涵的研究起步相对较晚，刘继国（2004）认为制造业服务化是制造业价值链由生产制造为中心向服务提供为中心的转变，[①] 蔺雷、吴贵生（2005）等认为服务化是企业为了获得更多竞争优势在原有基础上对服务活动的增强，[②] 周大鹏（2010）指出制造业服务化是服务要素在制造业投入和产出中的不断增加。[③] 这些对制造业服务化内涵的定义是从不同角度来展开的，为制造业服务化的研究打下了较好基础，但制造业服务化是产业发展方式的转变，依靠制造业企业转型来推动，更多的是通过最终产品来体现，因此制造业服务化在产品、企业和产业三个维度有不同的表现和影响，笔者看来，制造业服务化内涵可以从产品、企业和产业三个维度来阐释。

一、产品维度

从产品维度来看，制造业服务化是指从以单纯提供制造实物产品向以客户为中心提供包括实物、支持辅助、维护保养、知识信息等综合型服务产品转型的过程，其本质是通过产品链的延伸、扩展和提升实现产品多样化和层级的提升。产品链是指从初级生产直到

---

① 刘继国：《服务化与相关范畴：基于文献回顾的比较》，《湖北经济学院学报》2006 年第 7 期。

② 蔺雷、吴贵生：《服务延伸产品差异化：服务增强机制探讨》，《数量经济技术经济研究》2005 年第 8 期。

③ 周大鹏：《制造业服务化研究——成因、机理与效应》，上海社会科学院 2010 年博士论文。

消费的各环节和操作的流程，涉及产品及其辅料的生产、加工、分销、储存和处理，其范围从原材料生产、产品初加工、产品深加工、运输和仓储、分包到零售和产品服务以及相关的组织，如设备、包装材料生产、清洗行业、添加剂和配料生产等。产品链是循环经济产业链的基础和核心，产品链可以通过选择主导产品、延伸产品链和副产品链实现产品链的优化和完善。制造业发展到一定阶段后，单纯提供最终制造实物产品已不能满足客户需求，也不能实现企业更高价值目标，此时企业便会拓展其产品种类，丰富其产品内容，而产品种类的丰富和产品种类的拓展则不仅限于其他制造实物，还包括相关的服务内容。如增加对某产品的后续安装、维修和保养等服务，除销售外还增加租赁服务，为客户提供个性化定制、咨询服务等。制造业企业产品向服务化扩展相较于其他实物扩展还表现出独有的特征，制造业服务化对制造业企业产品链的影响表现在三个方面：

1. 通过产品链的延伸和扩展，可以扩大原有产品市场占有率

制造业企业在某些领域实现规模经济后，为了进一步扩大利润会向相关领域的产品延伸，常见的方式有两种，一种是生产与制造与现有产品在技术上较为相似或制造过程有关联的产品，另一种是制造的新产品与现有产品在销售环节有关联。但需要引起注意的是，除非开发的新产品具有独特的创新性从而开辟全新的市场空间，否则这种行为仍然是向已有众多竞争者的红海领域的探索，存在一定的风险和失败的可能，且会分散企业的注意力和资源，如最开始制

造衬衫的企业，而后大都开始制造裤子、T恤、家纺等，已有研究显示有些产品多样化后的企业的衬衫市场占有率开始下降。而当制造业企业的产品种类的扩展方向是与其已有产品相关联的服务时，蓝海竞争反而会使企业脱颖而出，因为向相关联的服务领域扩展，并不需要开设全新的产业模块，而更多的是基于原有产品的延伸，相对来说成本更低且失败后所需承担的风险更小。另一方面，可以进行产品相关服务领域扩展的制造业企业往往是该行业的领军者，具有研发和技术优势，产品链的延伸可以增加企业与上下游接触的机会，更多地了解市场需求和发展动向，从而抢占先机改良产品，进一步提升产品品质并提高市场占有率。如以前只生产销售汽车的企业，拓展汽车租赁服务，在与租车客户的接触中全面而快速捕捉客户需求变化并不断改善汽车性能，最终进一步巩固并增强其汽车销售的市场占有率。

2. 通过产品链层级的提升，可以增加产品利润

产品价值不止包含产品的功能价值，还包括产品本身的样式、品种、特性等一系列综合价值，顾客根据综合价值来衡量产品是否值得购买。但在经济发展的不同时期，顾客对产品需求的核心要求有所不同，因此构成产品综合价值的各要素对不同顾客的重要性也有所不同。根据马斯洛需求理论，消费者低级的需要主要由物质满足，高级的需要则由精神方面来满足。一般而言，低层次的需要有所满足之后，高层次的需要就产生了，但这不是说高层次需要满足了，就不需要满足低层次需要了，消费者的各种需要往往是交织在

一起的，满足精神、社会需要的动机常常伴随满足生理、物质需要的动机，并且会以较高层次的需要为主导。随着社会的发展和进步，消费者对高层次的需要会更突出。例如，新中国成立初期，我国制造业产品供不应求，很多商品长期短缺，人们把产品的结实度、耐用性和可靠性等质量因素放在选购产品的首位，而对产品的颜色、式样、特色等因素要求相对较低；改革开放后，市场商品日益丰富，人们生活水平普遍提高，顾客往往更为重视产品的功能特色，如要求样式新颖、功能齐备；而当我们进入发展的新时代，人民收入和生活水平不断提升，消费分层不断深化和延展，现代消费社会也不断从重视“物”的消费功能性过渡到“物”消费的象征意义，也就是超出对人人都相同的商品使用价值之外的社会意义，表达出消费者的个性、财富、声望、名誉等，因此就萌生了炫耀性消费、时尚性消费、休闲娱乐性消费等诸多新型都市消费需求，而专业且高端的服务最能满足用户的此种心理。同时，生活节奏的加快使得时间的价值越来越高，人们越来越倾向购买包含“增值服务”的产品，以求省时省力，即使需要付出更为高昂的价格。当前国内主要矛盾已转化为人民日益增长的美好生活的需要和不平衡不充分发展之间的矛盾，而这不平衡与不充分就包含了我国产品层次的不完善，部分产品的高端需求无法得到满足。向产品中融入服务元素，就是很好地向产品中注入附加价值的方式，从而提升产品链的层级，通过更高的价格获得更多的收益。如一家企业以往的产品是机械设备，而当他开发了管家 App，为客户提供设备性能监测、设备定位分析、设备油耗显示等增值服务时，更多的高端用户会选择购买，即使该设备价格高于其竞争者，最终实现产品销量和利润的增长。

3. 通过产品链渗透性的增强，可以增加客户黏性

制造业企业与客户之间的关系，在传统的只提供实物产品的时候，表现为单纯的对立的交易型关系，双方的联系产生于交易发生的当下，交易结束也便结束了短暂的关联。实际上，很多时候制造业产品与用户的实际需求间存在着一条难以逾越的鸿沟。如顾客购买油漆的最终目的不是油漆本身，而是用油漆刷墙，如果制造业企业既卖油漆又提供上门刷墙，那么制造业企业与用户之间的这条鸿沟就被填补了。当企业产品向服务端不断延伸扩展时，企业与客户的接触时间和接触范围得到扩展，在提供服务中也无形付诸了关心、尊重、信任等情感要素，且在一次又一次双方共同解决问题的过程中建立了共同目标、共同价值和共同利益，使原本对立的交易型关系上升为具有共同愿景的共赢型关系，由价值分配升级为价值共创。① 此外，情感关联会对顾客未来的决策产生影响，对该产品的情感黏性会不断增强。黏性最初是用来度量油墨被断裂分离时抵抗的阻力大小。一般来说，黏性越大，流动性就越小。这就好比用户与产品的情感联系，当用户与产品建立了紧密的情感联系，也就意味着用户对产品的参与程度、使用频次越高，那么相应的让其脱

① 王素云、沈桂龙：《制造业服务化内涵重释：从价值增值到价值创造》，《学习与探索》2019 年第 10 期。

离或者放弃使用该产品的环境阻力就越大。此时的购买行为不再是无意识的购买决策，而是上升为一种有意识的情感选择，用户便会想尽办法购买到产品来满足他们的内心需求。心理学研究表明，情感因素是人们接受信息渠道的“阀门”，如果缺乏必要的情感刺激，“阀门”就会关闭，意识就会自动进入休眠状态。此时人的情感便表现为不正常的心理障碍，对周围的一切表现得毫不关心，甚至是视而不见、听而不闻。相较于功利的经济利益追求，与顾客建立的情感黏性会对顾客决策产生更持久、更深入的强制性约束。

二、企业维度

从企业维度来看，制造业服务化是指制造业企业通过服务价值的融入以对其核心价值活动进行重组、整合、优化和创新的过程，其本质是制造业产业价值链的延伸和扩展。价值增值过程是企业内部价值增值过程和在某一产品生产过程中所有企业通过一系列的输入、转换与输出的活动序列集合对制造最终产品产生增值行为的总和，企业内部价值增值从各部门将原材料作为最初投资资产开始，直至最终产品通过不同过程销售给最终顾客为止的所有活动模块都是价值链的组成部分。而参与价值增值的所有企业便构成价值链条上的各个环节，各节点间的协调、管理效率和彼此依赖度对价值链产生重要影响，如何在企业内部各部门和企业间进行定位、协调和优化，把生产资源的分工协作和物流活动组织成为总成本最低、效率最高的供应链，使各个环节企业形成共同的价值取向，取得最大的价值增值，最终实现共赢是价值链发展的最高目标。随着技术进步产业不断发展，专业化分工不断深化，以前由一个制造业企业为主导的价值创造活动分散为由不同的企业完成，以前由多个企业完成的价值增值活动有时也被一个制造业企业独立囊括，制造企业价值链经历了破碎又重构的过程，在此过程中制造业价值链得到升级并提升了企业竞争力。制造业服务化对制造业企业价值链的影响主要包括三个方面：

1. 向原有价值链上下游延伸

制造业产业链包括研发、设计、零部件生产、组装、销售、售后服务等多个环节，当制造业企业只专注于某一环节的生产制造，那么其价值增值就产生于该环节，而当企业向价值链的上游（如研发、设计、战略规划等）或价值链的下游（如产品销售、售后服务、品牌管理等）方向延伸时，企业就将服务业价值链的部分环节纳入到了自身价值链中，实现了企业自身价值链的延展，增强了企业的竞争力。一方面，企业在不减少原有价值增值点的同时增加了新的价值增值点，由只卖产品变为卖产品的同时也卖服务，同时将上下游增值环节内嵌，减少了企业向外采购的沟通、物流等成本；另一方面，企业向价值链上下游延伸，可以从上下游更好地服务生产制造环节。

2. 向相关联价值链横向拓展

制造业发展过程中有很多为其提供专业服务的生产性服务业，如企业战略规划、人力资源管理、财务咨询管理、技术咨询、金融服务、法律服务等，这些领域虽不是企业增值的关键环节，但却为企业平稳、健康运行保驾护航，其作用不可小觑。而当制造业企业发展到一定阶段，部分企业会向与其相关联的生产性服务业领域扩展，拓宽了价值链的“宽度”，由原本的只卖产品到卖产品的同时也卖相关联的生产性服务，甚至逐步将生产性服务作为其核心业务与利润的主要来源。一方面，相对于纯服务业企业来说，制造业企业转型至生产性服务业领域，更熟悉制造流程与要求，更能满足顾客需要；另一方面，相对于纯制造业企业来说，又拓展了专业的服务领域业务。

3. 通过模块化建立价值网络

制造业企业通过对生产工序或生产流程的拆分和重组，将生产流程的不同层次分解为功能模块或生产模块，同时服务化延伸出的服务内容也逐渐形成模块化形态，而后与其他企业的价值链条上的模块重新链接和组合，形成价值网络。在此过程中，制造业企业的功能发生根本性转变，其覆盖范围超越了传统的制造和服务范畴，同时又不追求价值链在纵向和横向的扩展，而是注重引导不同的功能模块或生产模块通过价值感知，在服务型制造网络中相互协作、协同创造价值并自发形成资源优化配置，最终在动态调整中形成相对稳定的服务型制造系统。

三、产业维度

从产业维度来看，制造业服务化是指制造业和服务业的融合发展，其本质是二三产的产业融合。产业融合是指不同产业或同一产业不同行业随着互动的不断加强，相互渗透、相互交叉，逐渐融合形成新的产业。产业融合是在经济全球化、高新技术迅速发展的大背景下产业提高生产率和竞争力的一种发展模式和产业组织形式，制造业发展到一定阶段后，分工在制造业内部和生产性服务业内部均已得到深化，并随着两产业间关联性的不断增强开始在两产业间重新调整，制造型企业高度服务化，知识和技术是企业主要增长点。① 制造业不断加强服务的功能，甚至将服务作为其主要的业务内容和盈利方式，制造业与服务业的边界已逐渐模糊，制造业通过服务化加速了产业融合。制造业服务化转型会对制造业带来以下三个方面的影响：

1. 产业结构变革

首先，制造业服务化可以推动制造业全要素生产率的提升，进而提升制造业的水平和能级，实现高质量发展。以制造投入服务化为例，往往是技术密集型、知识密集型或信息密集型的中间投入进入制造生产环节，同时也将高端要素密集融入了制造生产的过程，从而对企业全要素生产率提升产生积极影响。因此，在一定范围内，服务投入越高、服务内涵的高端要素越密集，制造业服务化对企业全要素生产率的提升作用越明显，制造业产业结构也会越高级。

---

① 周静：《生产性服务业与制造业互动的阶段性特征及其效应》，《改革》2014 年第 11 期。

其次，制造业服务化加速产业结构高级化的进程。我们一般认为，产业结构的演进有以农业为主导、轻纺工业为主导、重化工业为主导、第三产业为主导、信息产业为主导等几个阶段，产业结构由低级向高级发展的各阶段是难以逾越的，但各阶段的发展过程可以缩短。制造业服务化转型，就是以第二产业为主导向第三产业为主导转型的重要推动力之一，制造业不断向服务化转型可以加速产业结构向服务业为主导的阶段转型。

最后，制造业服务化带来产业结构生态化。产业作为一个经济单位，并不是孤立存在的，产业与产业间存在着复杂的经济联系，彼此关联，彼此影响，互相交织成为一个有机的系统。一个产业的存在，会对其他产业的存在和发展形成影响，一个产业内部结构的变化也会直接或间接引起其他产业的变化。制造业向服务化转型后所关注的不仅是生产制造产品本身，而是产品组合及其协调运转所带来的某种功能，甚至是能否为客户提供产品的集成及全面的解决方案，企业间由孤点存在演变为开放、共享、协作的智慧化产业生态系统，该系统包含制造业、生产性服务业甚至第一产业，而制造业企业成长为该生态系统的核心。

2. 产业组织方式变革

首先，制造业服务化和平台经济互促互进。平台经济是新经济时代越来越重要的一种产业组织形式，所谓平台就是为合作参与者和客户提供一个合作和交易的软硬件相结合的场所或环境，平台作为媒介不生产产品，但通过促成双方或多方供求之间的交易，并从中收取费用而获得收益。平台经济的发展，不仅产生了更多新的经济概念、经营方式（如团购等），还带动了业态创新（如第三方支付、快递物流业的高速发展）。制造业服务化可以借助平台实现转型，如面对行业利润持续走低的局面，传统制造企业纷纷转向电子商务平台，借助其庞大的用户资源和快捷的销售渠道，创新营销模式，降低运营成本，创造新的盈利点，获取更高利润。同时，制造业服务化企业也反过来促进平台经济的完善和发展，扩展了其服务范围（从仅服务服务业到服务制造业和服务业），促进平台经济集群效应的发挥，最终实现平台价值、客户价值和服务价值最大化。

其次，制造业服务化加速新生产方式发展。当前，个性化、数字化和智能化为特征的新的技术革命和消费需求引发了新的生产方式的产生，即由传统的大规模标准化生产到如今的满足消费者需求的个性化智能化定制，制造业服务化使新的消费需求得以满足，新的生产方式得以最终实现。

最后，制造业服务化重塑产业供应链。传统制造业生产组装方式为多地分散生产零部件、组装完成后再进行全球分销，供应链涉及全球多个国家和地区，运输成本高且周期长，制造业服务化转型后其利润最大化不再依赖全球大规模生产、分散销售，而是依赖其自身综合智能服务体系满足客户个性化需求的生产性服务，制造业供应链缩短，碎片化程度降低，恰如杭氧集团董事长蒋明曾指出“服务型制造，是‘牵着奶牛卖牛奶’”。

3. 产业空间布局变革

一方面，制造业服务化改变了产业集聚形态。传统制造业产业集聚更多地选择在拥有大量廉价劳动力的地区、原材料集中地、市场集中区或交通枢纽节点。而制造业服务化转型后对企业利润影响最大的是用户，因此企业均以用户为核心以散点形式分布在周围，供用户组合和完成生产，最终实现消费者与厂商之间的多赢。① 此时产业集聚不一定是物理空间的临近，也包含利用服务化平台实现的经济资源的聚合。另一方面，制造业服务化改变了产业转移方式。产业转移是指企业将产品生产的部分或全部环节转移到其他地区，这种转移在传统的制造业发展过程中往往是由该生产制造环节的发达区域向发展中区域转移，以求更廉价的生产要素和更广阔的销售市场。制造业服务化转型会推动产业转移向相反方向发展，如生产制造企业将研发服务作为其发展重点时，可能会从欠发达地区向发达地区转移，目的是获得更为先进的技术和研发支持，呈现产业转移高级化的形态。

第三节　制造业服务化演进阶段

Vandermerwe 和 Rada，White 等学者认为制造业服务化是从单

① 周静：《全球产业链演进新模式研究》，《上海行政学院学报》2016 年第 3 期。

纯提供产品到“产品 + 服务”的发展过程，Davis 等认为制造业服务化包含系统集成服务、咨询服务、金融服务、一体化解决方案四个阶段。Fishbein 等提出制造业服务化的过程是从只生产产品到只提供服务的连续的发展过程。但也有学者对制造业服务化过程遵循“产品—产品 + 服务—服务”模式产生质疑，如 Turunen 认为制造业企业在服务化过程中存在过程跳跃或过程反复。笔者看来，制造业服务化转型的过程是一个复杂的系统演化过程，并不是简单的服务数量和内容的累加，因此用服务数量来划分制造业服务化发展阶段也并不完全合理，制造业服务化是服务要素不断深入并发挥作用的过程，且在产品、企业和产业三个维度不同的演化阶段表现也不同，从产品维度来看，不同阶段的区别在于产品中服务要素的层级；从企业维度来看，不同阶段的区别在于价值链的嵌入和引领程度；从产业维度来看，不同阶段的区别在于产业变革的深度和广度。按此逻辑，笔者将制造业服务化划分为三个阶段：辅助服务化阶段、专业服务化阶段和系统服务化阶段。

一、辅助服务化阶段

辅助服务化阶段是制造业服务化的最初阶段，从产品维度来看，该阶段制造企业从单纯提供产品向提供服务转型，但该阶段的服务大多是依托于原有产品，如为产品的购买顾客提供设备状态监测管理等额外附加服务，免费为顾客提供若干次定期监测维修服务，或为产品购买顾客送货并安装等。此时提供的服务产品范围很广但专业性并不强，服务内容、形式也较为松散，主要功能和目的是对原有产品的功能进行强化和升级。

从企业维度来看，在辅助服务化阶段，企业原有的制造价值链中，部分服务要素开始从制造业产业链中剥离独立或从无到有的开始萌生，形成独立的服务价值模块，但企业仍以制造价值链为主，服务价值模块依附于制造价值链实现价值增值。

从产业维度来看，制造业辅助服务化发展阶段会推动产业发展阶段跃迁。英国《金融时报》记者彼得·马什在其著作《新工业革命》中将人类的制造业划分为五个阶段，第一个阶段是少量定制；第二阶段是少量标准化阶段；第三个阶段大批量标准化生产；第四个阶段大批量定制化；第五个阶段是个性化量产。制造业服务化往往产生于制造业发展的第四个阶段，而制造业的服务化转型即是企业开始高度关注顾客需求的标志，从标准化生产到个性化定制有助于提升顾客的满意度和幸福感，从而实现了企业利益最大化，进而推动制造业向第五个阶段演进。

二、专业服务化阶段

当制造业服务化进一步升级，便进入专业服务化阶段。从产品维度来看，该阶段企业提供的服务已不单纯是原有产品功能的支持、延伸或额外附加价值的转让，企业提供的产品服务开始呈现专业化、规模化特点。专业化表现为该服务蕴含大量的知识、信息或大量的实践经验，需要具有专业技能的人员为顾客提供特殊的服务，具有智囊化、多元化、系统化等特点，如制造企业为顾客提供金融、法律咨询等服务。同时该阶段企业提供服务已不是零星偶然现象，而是已形成规模成为企业的固定产出，是企业产品门类中重要的一部分。

从企业维度来看，从辅助服务阶段进入专业服务阶段，企业中服务价值模块开始逐渐整合成链，形成独立的服务价值链，和制造价值链并行。服务价值链具有和制造价值链不同的特征，比如制造价值链增值的关键在于价格和成本策略，而服务价值链增值的关键是通过速度竞争和服务差异化来提升客户的满意度，对于创新，制造价值链创新主要是通过企业高层和中层领导的决策推动，体现在机器设备和产品的更新，而服务价值链创新则是依靠全员，尤其是一线基层人员，体现为服务的创新。因此，服务价值链作用和地位的不断上升引导着企业服务化转型。

产业融合加速。专业服务阶段，制造业已发展至高级阶段，制造业和服务业开始彼此影响、相互交织，制造业中服务投入和产出的比重会越来越高，制造业投入服务化，表现为金融、研发、物流、人力资源、管理咨询、检测认证等现代生产性服务业投入制造业企业生产中的过程；产出服务化，则表现为供给相关联的服务等。与此同时，很多服务业企业也开始向上游延伸，开发与其战略协同的相关硬件制造产品，大批制造—服务平台或服务—制造平台开始涌现，传统产业的边界日益模糊，制造业与服务业融合发展。

三、系统服务化阶段

系统服务化阶段是制造业服务化的高级阶段。从产品维度来看，表现为服务产品化、个性化。该阶段企业提供的服务已不再是含糊不清的、缺乏衡量标准的，而是服务产品化，即通过改变服务的生产方式，把服务过程按照产品生产流程进行分解，实现每个环节的规范化生产和流程化衔接，把最终形成的标准化的服务交付给客户。同时客户能够以产品形式定制标准化服务，获得清晰的定价标准、可以预期的服务质量和服务考核标准，最终达到企业成本更低、顾客满意度更高的双赢结果。在服务产品化的同时，制造业服务化还呈现个性化的特点，个性化与产品化并不矛盾，产品化是指企业建立起一套完善的服务标准和流程，让服务企业就像个智力工厂，源源不断地生产服务产品，可实现“规模 + 速度”，而随着企业智慧化生产服务的能力的提升，可以依托其强大的模块组合和创新能力，为顾客提供个性化的定制产品。

从企业维度来看，系统服务化阶段企业服务价值链已发展成为完整产业链条并成为价值主导，高度发达的服务价值模块规则被独立化、被隐形化，只要确保“接口”一致，企业就可以根据自身优势进行设计、组合，通过集成创新和模块创新来提升竞争力。同时，服务价值模块彼此间具有独立性但又存在着相互依赖的联系，相互交织成模块化组织间企业的网络关系，服务价值网络在企业中发挥重要作用，此时制造价值链中的各个价值模块从过去的紧耦合状态演变为松耦合状态，依附于服务价值网络发挥作用，企业也从重资产转变为轻资产。

从产业维度来看，系统服务化阶段制造业服务化程度很高，对制造业原有产业模式产生颠覆式的影响，产业创新层出不穷。如共享产能、全维保、合同能源管理等。此时产业创新会从更深层次上对产业更深处的环节，如交易方式、结算方式等产生冲击。以共享产能为例，共享产能是在相近区域生产相似产品的企业，不必自己拥有工业设计、产线制造、供应链管理、销售服务等所有生产模块，而是共建共享平台，在共享平台上按照自己需求和比较优势直接获取生产模块，通过整个行业该模块的规模经济效益，实现企业利润最大、产品成本最低和行业生产效率最高的多赢目的。

第四节　制造业服务化机理

制造业服务化可以用交易费用理论、价值链理论和产业融合理论进行阐释说明，转型影响因素也应分阶段探讨，本节将对制造业服务化的机理进行理论剖析。

一、理论阐释

制造业服务化，首先可以用交易费用理论进行阐释。交易费用是新制度经济学中的概念，交易费用理论是现代产权理论的基础，

1937 年，著名经济学家罗纳德·哈里·科斯（Ronald H. Coase）在《企业的性质》一文中首次提出“交易费用”的思想，他指出市场交易中发现价格、议定合约、监督履行等成本的广泛存在使得以企业作为市场的替代物更有利可图。1969 年阿罗第一个使用“交易费用”这个术语，威廉姆森系统研究了交易费用理论。研究认为，企业之所以存在，是因为有限理性、机会主义、不确定性与小数目条件使得市场交易费用高昂，而企业替代市场可以节约交易费用，同时，企业采取不同的组织方式最终目的也是为了节约交易费用。在制造业企业中，成本包括显性成本和隐性成本两类，显性成本就是直接材料、直接人工、制造费用等显而易见、易于统计的成本，而除了显性成本外，制造企业还面临着如上下游沟通成本、特殊关键岗位隐性知识成本等隐性成本。隐性成本是隐藏于企业总成本之中，但是有利于财务审计监督之外的成本，具有隐蔽性和潜在性，但又难以避免且不易量化。控制和缩减显性成本可以采用对零件、材料和工艺进行标准化、模块化设计，并通过大规模生产来实现规模经济效应，而隐性成本则可以通过制造业服务化来降低。如制造业企业为寻找价低质优的产品外观设计供应商，花大量的时间和精力进行项目比对、筛选，整个团队每天的运营成本即为隐性成本，并不统计和体现在显性成本之中，而当企业进行转型，在进行产品生产制造的同时也进行外观的设计，将外观设计采购内嵌为企业内部模块，沟通成本就会大大降低。企业将关联生产密切的部门如研发、设计等内嵌入企业内部，不进行外包，可以减少隐性成本，提升企业的最终竞争力。再如吹风机制作工厂，面对顾客需求的日益丰富和多样，仅仅吹风达到干发目标已远不能满足顾客的需求，因此吹风机制造厂商在原材料、生产设备等传统生产要素都已具备的基础上，还要向美发师专门学习不同发质、不同发型的吹发手法和技巧，而后将美发师长期实践总结的隐性知识运用于产品设计中，创造出了速干模式、蓬松模式、顺滑模式、卷发模式等应用于不同造型的吹风模式，此时不同模式的吹风是该产品最重要的竞争力，与普通的吹风机形成差异化竞争，更好地满足了客户的不同需求。隐性知识在企业内部的积累和传承是企业的宝贵财富，制造业服务化通过将隐性知识应用到产品中，起到降低企业成本、提升企业竞争力的作用。

制造业服务化也可以用价值链跃迁理论进行阐释。Poter（1985）首次提出价值链理论，Gereffi，Korzeniewicz（1994）构建了全球商品链（Global Commodity Chains，GCC）的理论分析框架，2000年后学界统一使用“全球价值链”（Global Value Chain，GVC）概括价值链和全球商品链的概念。Poter将价值链升级定义为生产更好的产品、更有效率的生产过程或从事更高技术含量的活动，从而获得更高额的回报。Avdasheva指出价值链升级是过程效率的改进、新产品或改良产品的引入、新价值链行为或改良价值链行为的实现。实践经验和理论研究表明，传统制造业价值链升级和跃迁主要遵循工艺流程升级、产品升级、功能升级和链条升级的演变路径。制造业服务化价值链的升级过程则跳过工艺流程升级和产品升级阶段，直接通过核心环节和关键环节附加值延伸推动功能升级，最终实现价值链的跃升。这其中核心环节和关键环节附加值的延伸和功能的升级依赖于制造业服务化所产生的创新效应和深化分工效应。一方面，制造业服务化的过程需注入大量的服务化投入要素，如专业的人力资源管理、设计研发等，这些服务化的要素投入大都属于知识密集型，具有高知识性、技术性和创新性，服务化要素的投入增强了企业的要素竞争力和创新力。与此同时，制造业产出的服务化转型会对同行业企业形成技术创新的示范、刺激与推动，从而形成创新的水平外溢，也会对当地上下游关联企业的技术进步起到示范、援助与带动作用，形成创新的垂直外溢。因此，制造业服务化会从投入和产出两方面通过创新效应推进制造业价值链跃迁。另一方面，制造业服务化还会通过深化分工效应推动价值链跃升。制造业专业化的分工降低企业成本、提升企业效益，并提升企业所处价值链的位置，同时在一定产量范围内，企业服务化转型会使生产规模扩大进而导致长期平均成本下降的规模经济效益，也有助于企业价值链跃升。

制造业服务化还可以用产业融合理论进行阐释。产业融合最早源于数字技术的出现而导致的信息行业之间的相互交叉，日本学者植草益将其定义为通过技术革新和放宽限制来降低行业间的壁垒，加强各个行业间的竞争合作关系的过程。美国学者 Greenstei 和 Khanna 认为产业融合是为了适应产业增长而发生的产业边界的收缩或消失。中国学者厉无畏认为产业融合是指不同产业或同一产业内的不同行业通过相互渗透、相互交叉，最终融为一体，逐步形成新产业的动态发展过程。制造业和服务业融合发展是工业化后期和从工业经济转向服务经济时代的一个普遍趋势，制造业服务化转型是制造业与服务业相互交叉、相互融合的重要表现。制造业服务化的发展过程中，有两个重要的推动力加速了制造业与服务业的产业融合速度。一是生产性服务业的迅猛发展，为制造业服务化奠定了转型基础。生产性服务业逐渐专业化、独立化的发展，渐渐取代了纯生产制造部门的核心地位，为企业带来更多的价值创造和利润来源，推动制造业向服务业延伸，同时提升了企业在服务环节主导价值分配的能力。二是第四次新技术革命和经济全球化浪潮，加速了制造业服务化转型的进程。随着新一代通信技术、人工智能等科技不断突破、融合渗透和广泛应用，工业互联网、工业云、移动O2O等新型生产组织方式取代了传统制造业生产组织方式，极大地提高了设备生产、用户数据的收集、分析和预测能力，为制造企业实现产品全生命周期的实时动态控制与管理提供了技术支撑，极大地提升了服务能力和服务效率，使制造业服务化转型的进程缩短，制造业与服务业加速融合，逐步发展形成网络化、智能化、服务化、协同化的产业发展新形态。

二、影响因素

如前所述，制造业服务化发展经历辅助服务化、专业服务化和系统服务化三个阶段，不同阶段的影响因素不同。

辅助服务化阶段，制造业从纯粹的生产制造向与制造相关度高的服务业务扩展，该阶段的重点是服务要素的获取，因此服务要素获取的成本成为制造业辅助服务化发展阶段的主要影响因素。服务要素获取的成本主要表现在两个方面：一是要素流通渠道的畅通性，制造业企业服务化转型，从单纯的只关注生产制造环节到与客户开始交互，为客户提供相关服务的过程中人流、物流的畅通性极其重要，市场越开放、公平、透明，流通渠道就会越顺畅，制造业服务化转型的阻碍就会越小。二是政府推动制造业服务化转型的政策，制造业企业服务化转型初期，往往存在诸多困惑和种种困难，若政府提供相关讲座培训、法律咨询和专业辅导，则企业继续转型并最终成功的概率会提高很多，相关的财税、金融支持和政府采购会减少企业在转型中的实际困难，实践表明，运用行政手段将创新资源聚集并不会真正带来创新集聚，反而会扼杀创新，而良好的财税、产业政策设计等则能引导创新要素向企业和创新者集聚。因此，政府对于制造业服务化转型的态度和支持力度会对制造业辅助服务化转型阶段产生重要影响。

专业服务化阶段，制造业企业中服务部门的重要性逐步突出，企业服务化转型战略开始加速，该阶段的重点是服务要素的嵌入，因此服务要素能否深入、彻底地嵌入企业价值链全流程企业各层级，成为制造业专业服务化发展阶段的主要影响因素。服务要素的嵌入主要表现在三个方面：一是顾客目标的一致性，即顾客是否理解和接受制造业企业的服务化转型战略，比如顾客对服务化产品的接受程度，为了使顾客能够接受服务化产品，企业需要提供更富吸引力的解决方案，或者提供至少与物品相当的功能，且需要投入大量的宣传和广告支出，再如顾客缺乏成本结构的知识，不了解产品生命周期各阶段的成本，因此不愿意接受服务化产品（如维修保养、特殊品管理处置等）。二是企业信息化、大数据等新一代信息技术运用的能力，由于种种原因，制造业企业会出现为实现服务化转型增加了成本但没有获得预期的高收益的悖论，即“服务化悖论”，而信息技术的资产通用性解决了企业服务化转型中实物资产专用性的障碍，大数据等数字技术可以精准捕捉用户的需求，成为配置资源的一种力量，推动企业服务化转型中服务成本的降低；同时数字经济的技术创新和扩散效应提高服务模块的全要素生产率，使远程服务也成为可能，提升了制造业服务化模块的劳动生产率。三是企业组织变革的敏捷性，在许多销售物品与提供服务并存的企业中，业务模式之间的冲突经常存在，服务化战略的推行过程会对原有组织结构进行冲击，对某些组织部门是有利的，而对有些组织部门可能会带来威胁和挑战，因此质疑、反对的声音肯定会出现。此时，制造业服务化战略的推行成本会不断增加，企业要花更多的成本来处理和化解冲突矛盾，组织向服务化方向变革能否顺利且快速地实施，也是影响制造业专业服务化阶段发展的重要因素。

系统服务化阶段，基本的服务化转型已经实现，制造业服务化转型进入高级阶段，该阶段的重点是服务创新，因此能否持续实现服务创新成为企业保持竞争力的关键，也是系统服务化阶段的主要影响因素。服务创新能力主要包括三个方面：一是技术创新的能力。随着制造业服务化转型的企业越来越多，服务化转型也逐渐由蓝海变为了红海，激烈的竞争下唯有不断地提升技术创新的能力，通过新的服务理念和新的服务技术创新提升原有的服务方式，才能在服务化的竞争中保持优势。二是服务创新的环境。服务创新环境是服务创新主体与周围所处的空间内各个要素的关系总和，包括政策导向、体制机制是否顺畅、创新氛围是否浓厚等。创新环境如何，对于制造业在系统服务化阶段转型发挥着重要的作用，环境是否有利于创新要素集聚对制造业服务化持续变革有着重要影响，良好的政策环境是创新的重要保障。如制造业服务化过程中产生的创新性的服务新模式和新业态，用开放包容的态度审慎监管，对知识产权进行有力保护，有利于激发制造业服务化企业创新活力，提高创新效率。三是新资源的控制力。过去的发展是基于传统的能源，比如石油和煤，而数据作为一种新的能源形式，将改变我们的未来，因为数据是人类第一次自己创造了能源，企业竞争以前拼的是投资、人力资源等等，现在数据成为企业竞争、产业发展特别重要的生产元素。对产业数据链的掌控力以及与其他产业数据链，一定物理空间内人、事、物的数据链等集合而成的数据块的搜集、储存、共享、挖掘、保护和利用的能力，将成为制造业在系统服务化阶段发展的重要影响因素。

上述分析可知，在制造业的辅助服务化阶段和系统服务化阶段，政策环境等外部影响因素大于内部影响因素，而在专业服务化阶段，产业或企业内部的变革动力与阻力的交织影响更为突出。

第三章　数字经济发展现状和趋势

当前，数字成为重要的生产要素之一，数字经济成为推动经济增长和产业进步的重要力量，在国际竞争中扮演着重要角色，影响着全球资源要素重组、经济结构重塑和竞争格局的改变。展望未来，数字经济将在更多领域和更深程度上发挥其作用，推进经济、政治、社会和文化变革。

第一节　全球数字经济发展现状

当前，数字经济替代工业经济成为人类经济社会发展的主要形态，以大数据、云计算、工业互联网、物联网等为代表的数字技术对全球经济竞争方式产生了深刻改变。世界各国都高度重视数字经济的发展，并将其作为综合国力提升的关键手段。

一、数字经济发展势头迅猛

自人类社会进入信息时代以来，数字技术飞速发展，数据资源成为关键要素，逐渐衍生出数字经济，数字经济是继农业经济、工业经济之后的主要经济形态。数字经济给当今世界带来了人类有史以来最为迅速、广泛、深刻的变化，以数字技术为代表的新兴科技突飞猛进，数字经济给经济发展和社会进步带来深刻影响，世界各国都高度重视，并把其作为提升综合国力的战略任务。

在新冠肺炎疫情影响全球的经济发展，各大经济体都受到不同程度的冲击的时候，数字经济在这场百年不遇的公共卫生危机中发挥了稳定器和压舱石的作用，给全球经济稳定注入了强心针。疫情期间，线上培训、线上教育、线上娱乐、线上购物、远程办公等数字化新业态和新模式蓬勃发展，政府利用大数据进行疫情的精准防控和社会综合协调治理，企业利用工业互联网加紧供需对接、生产资料统筹调配和高效生产。数字经济在人流、物流受限的疫情期间为人们满足生产生活需求，统筹疫情防控和经济增长，增强经济韧性等方面发挥了关键作用。

从总量上来看，全球数字经济总量持续扩张。根据2021年中国信息通信研究院发布的《全球数字经济白皮书——疫情冲击下的复苏新曙光》显示，2020年，在全球GDP同比下滑3.6个百分点的情况下，全球数字经济规模达到32.6万亿美元，同比名义增长3.0%，占GDP比重为43.7%。数字经济概念了传统生产方式，以数字化为代表的新生产方式创造的经济价值占全球GDP的表中已接近50%，在经济社会中的作用不断提升。从结构来看，实体经济与数字技术的加速融合是当前数字经济发展的重点，2020年全球数字产业化占数字经济的比重为15.6%，产业数字化占数字经济比重为84.4%，数字产业化占GDP比重为6.8%，产业数字化占GDP比重为36.8%，其中一二三产业数字经济分别为8%、24.1%和43.9%。从近些年的数据可以看出，数字产业化占比在不断下降，而产业数字化占比在不断上升。从国家来看，发达国家数字经济规模大、占比高，2020年规模达到24.4万亿美元，占GDP比重为54.3%，发展中国家数字经济增速更快，2020年增速达到3.1%。

二、各国实力差距明显

当前世界各国都把数字经济作为提振经济、重塑竞争优势和提升综合治理能力的重要手段，从总量来看，发达国家在数字经济发展方面明显领先于发展中国家，2020年发达国家数字经济规模为24.4万亿美元，占全球总量的四分之三。从占GDP的比重来看，发达国家数字经济占比为54.3%，远高于发展中国家27.6%的水平，这与发达国家信息技术基础好、发展快有关。从增长速度来看，发达国家2020年数字经济增速为3%，发展中国家数字经济增速为3.1%。

当前全球数字经济发展较快的国家排名前五位的是美、中、德、日、英，从规模来看，这五个国家数字经济总量占全球的近八成。美国数字经济发展规模已连续多年排名第一，规模接近 13.6 万亿美元，是排在第二的中国的近三倍，可见美国在数字经济方面具有绝对优势，这依托于其持续领先的技术创新优势，在全球始终引领数字经济的技术突破发展。中国近些年立足产业基础大力推动数字经济与实体经济融合，2020 年数字经济规模为 5.4 万亿美元，在世界居第二位，但同比增长 9.6%，增速位居全球第一。欧盟高度重视数字治理规则的探索和数字单一市场的建设；德国以其强大的制造业基础优势，大力推进工业 4.0 战略，打造全球制造业数字化转型标杆；英国则强调顶层设计，通过政府的数字化转型自上而下推进整体数字经济布局。从占比来看，德国、英国、美国数字经济在国民经济中占据主导地位，占 GDP 比重超过 60%。从结构看，各主要国家产业数字化占比均超过 50%，其中，德国数字经济与实体经济融合加速推进，产业数字化占数字经济比重达到 91.3%。

第二节　我国数字经济的发展

我国互联网经济起步较早发展较快，2015 年，数字经济在互联网经济的基础上开始进入快速发展阶段，与一二三产融合程度也在不断加深，未来在加快数字经济基础设施建设、加深数字经济对实体经济渗透和加强完善数字经济发展规范等方面仍有较大空间。

一、我国数字经济发展历程

2015 年，我国提出了“大数据国家战略”，表明国家高度重视经济数字化转型，而后陆续有促进数字经济发展和数字化转型的政策落地。《“十三五”国家信息化规划》中专门指出，“统筹实施网络强国战略、大数据战略、‘互联网 +’行动，整合集中资源力量，……为深化改革开放、推进国家治理体系和治理能力现代化提供数字动力引擎”。随着网络经济蓬勃发展，各种互联网乱象也应运而生。2019 年国务院办公厅发布《关于促进平台经济规范健康发展的指导意见》，指出要“围绕更大激发市场活力，聚焦平台经济发展面临的突出问题，遵循规律、顺势而为，加大政策引导、支持和保障力度，创新监管理念和方式，落实和完善包容审慎监管要求，推动建立健全适应平台经济发展特点的新型监管机制，着力营造公平竞争市场环境”。2019 年《国家数字经济创新发展试验区实施方案》中，选择了数字化转型走在前列、代表性引领性较强的浙江省、福建省、广东省、重庆市、四川省和河北省（雄安新区）先试先行，建设国家数字经济创新发展试验区，要求着力打造中国数字经济创新发展的标杆，做强、做大数字经济，有力支撑高质量发展。2020 年密集出台了一系列重磅文件，规范引领数字经济健康快速发展，《关于构建更加完善的要素市场化配置体制机制的意见》中指出，“深化要素市场化配置改革，促进要素自主有序流动，提高要素配置效率，进一步激发全社会创造力和市场活力，推动经济发展质量变革、效率变革、动力变革”。《关于推进“上云用数赋智”行动，培育新经济发展实施方案》强调要加速数字经济与实体经济融合，“大力培育数字经济新业态，深入推进企业数字化转型，打造数据供应链，以数据流引领物资流、人才流、技术流、资金流，形成产业链上下游和跨行业融合的数字化生态体系，构建设备数字化—生产线数字化—车间数字化—工厂数字化—企业数字化—产业链数字化—数字化生态的典型范式”，为制造业企业数字化转型提供了方案。《关于支持新业态新模式健康发展，激活消费市场带动扩大就业的意见》支持新业态、新模式的健康发展，激活消费市场带动扩大就业，打造数字经济新优势，要深入推进各行业各领域数字化转型，着力提升数字化转型公共服务能力和平台“赋能”水平，推进普惠性“上云用数赋智”服务，增强转型能力供给，促进企业联动转型、跨界合作，培育数字化新生态，提高转型效率。《中小企业数字化赋能专项行动方案》提出“以新一代信息技术与应用为支撑，以提升中小企业应对危机能力、夯实可持续发展基础为目标，集聚一批面向中小企业的数字化服务商，培育推广一批符合中小企业需求的数字化平台、系统解决方案、产品和服务，助推中小企业通过数字化网络化智能化赋能实现复工复产，增添发展后劲，提高发展质量”。2021年，《新型数据中心发展三年行动计划（2021—2023年）》出台，指出要“统筹推进新型数据中心发展，构建以新型数据中心为核心的智能算力生态体系，发挥对数字经济的赋能和驱动作用”，2022年《“十四五”数字经济发展规划》发布，为我国数字经济未来发展指明了方向，力争到2035年形成统一公平、竞争有序、成熟完备的数字经济现代市场体系，包括建立数据要素市场体系、加速产业数字化转型、提高数字技术自主创新能力等。

二、近些年我国数字经济发展成就

近些年，我国数字经济发展迅速，成就巨大，《数字中国发展报告（2021年）》显示，截至2021年，我国数字经济规模为45.5万亿元，总量居全球第二位，是我国经济发展的重要引擎和助推器，尤其是在疫情防控中，数字经济发挥了经济稳定器和压舱石的作用。

我国当前拥有全世界最大规模的网络基础设施，截至2021年底，我国建成142.5万个5G基站，总量占全球60%以上，行政村、脱贫村通宽带率达100%；IPv6地址资源总量位居世界第一；算力规模全球排名第二。

同时，数据产业增速迅猛，2017年到2021年，我国数据产量从2.3ZB增长至6.6ZB，全球占比9.9%，仅次于美国，大数据产业规模从2017年的4700亿元增长至2021年的1.3万亿元。

数字技术创新能力也不断提升，在人工智能、区块链、大数据、量子信息、云计算、5G、高性能计算等领域持续领先，北斗卫星导航系统实现全球覆盖和规模应用，国产操作系统性能和芯片自主研发能力不断提升，2021年，我国信息领域PCT国际专利申请数量超过3万件，全球占比超过三分之一。

数字化治理能力不断提升，便民助民水平不断提高。当前我国网民数量已超10亿，互联网普及率超七成，农村互联网普及率提升速度很快，城乡地区互联网普及率差距持续缩小，与此同时，越来越多的地区电子政务通过在线服务进行，目前我国九成以上的省级行政许可事项可以实现网上受理和“最多跑一次”。2022年3月，新华社联合百度发布《大数据看2022年全国两会关注与期待》，数字经济与社会保障、乡村振兴、教育改革等10大话题最受关注。

根据2021年国家网信办对全国31省市数字经济发展水平的综合评估，浙江、北京、上海、广东、江苏、山东、天津、福建、湖北、四川等地区数字化综合发展水平位居全国前10名。

我国数字经济虽然发展很快，但必须要看到的是，我国数字经济在基础设施建设、数字经济与实体经济融合和加强数字经济顶层设计和法律法规完善等方面，还有很多不足，如2019年我国三大产业数字经济规模渗透率分别为8.2%、19.5%和37.8%，其中第二产业数字经济渗透率不足20%，未来仍有较大渗透空间。

第三节　数字经济对产业发展的影响

数字经济的快速发展对产业发展带来冲击，主要影响表现在以下几个方面：

一、数字经济促进传统产业的优化提升

技术进步是产业结构升级的内在驱动力，数字经济具有网络性、高渗透性和直接性，数字经济通过不断升级换代的数字技术渗透到传统产业研发、采购、生产、销售和售后服务等各个环节，通过提升产业数字化水平，改变传统产业组织方式和生产方式，实现产业结构的优化升级。数字经济对传统产业的优化提升改造主要包括三个方面：

1. 推动传统生产方式向智能化、个性化方向变革

传统的生产过程在数字经济的推动下会向智能化、数字化方向变革，智能机器设备、数字化生产车间等的应用提升了生产效率和资源利用效率，数字技术与工业软件结合，突破了过去无法完成的很多复杂结构部件的生产，工业机器人的发展替代了很多大量重复性的人类劳动。与此同时，改变只能进行大规模、标准化的传统生产方式，面对越来越多且各不相同的市场需求，数字经济推进生产向个性化、定制化方向转型，顾客的个性化需求定制生产成为可能，帮助企业唤醒更多的生产动能，增强了企业的内在活力。

2. 推进企业内部流程再造

在线研发、远程生产和在线交易等线上生产交易模式的发展，使得传统产业的各生产销售模块不再受到时间、地点的限制，可以随时随地实现生产或销售，加速了资源流通速度，降低了生产交易成本，使传统产业生产、经营、销售等模块更为独立，形成以顾客为核心、各模块与之进行互动的网络协同式新型产业链和价值链，

传统企业流程受到冲击，推进企业流程再造。

3. *数字经济改变产业组织方式，激发产业创新力*

随着平台经济的发展，企业不再需要拥有全产业链的各个模块，而可以通过产业平台与其他企业进行合作或直接购买，生产者、消费者、供应商、设备和产品在工业互联网中实现实时对话，人、机、物的所有信息均得到“汇集”和“匹配”。分包和众包模式快速发展，重构了产业生态，企业专注度和灵活性都得到提升，产业创新力得到激发。

二、数字经济促进新兴产业形成

除了推动传统产业升级，数字经济还通过技术创新和变革，推动产业分化、融合和重组，不断形成新产品、新业态、新模式和新产业。如产业边界被打破，形成一二三产间的产业融合，又如数字技术加速产业向其相关联产业渗透融合或产业链上下游产业融合。

三、数字经济重塑需求端，拉动产业结构优化升级

数字经济在改变产业发展模式、提升效率的同时，也对需求端产生着巨大影响。一方面，数字经济使得线上实时交易、个性化定制成为可能，极大地改变了消费者的消费习惯、消费方式，对需求端的重塑也将提升整个产业的能级和水平；另一方面，数字经济提升了生产和服务效率，降低了成本，使得产品价格更低，更多潜在需求得到释放，产品和服务的销量会上升，也会带动相关产业的发

展和提升。

第四节 数字经济的发展趋势

数字经济的快速发展，给经济社会的方方面面带来巨大影响和冲击，展望未来，数字经济将在更广领域和更深范围对传统经济产生冲击，并带来意想不到的不稳定性和风险。具体来看，以下几个方面值得关注。

一、数字经济赋能经济发展，国际竞争日趋激烈

当前，数字经济仍处于高速增长期，并在未来一段时间内保持快速发展，因此，数字经济所占比重会进一步上升，数字经济对生产制造、基层社会治理、人居环境改善、百姓生活等方方面面的影响会进一步加深，数字经济将在未来成为经济发展的主要引擎和推动器，在经济发展中发挥越来越大的作用。与此同时，世界各国在数字经济领域的竞争会日趋激烈，不仅限于尖端数字技术的突破，还包括应用场景和与实体经济融合，数字政府、数字治理、数字贸易、数字文化等领域。数字经济具有高增殖、高渗透等特性，因此会进一步加大世界经济体之间的发展差距，数字基础设施布局早、数字技术尖端突破能力强、数字化转型程度深的国家会在新一轮的国际竞争中占得先机，抢占下一轮数字经济时代的制高点。

二、数字经济推进国际市场更加多元化

数字经济的快速发展，推动很多新产业、新业态和新模式层出不穷，数字经济成功推动了生产、购物、娱乐、教育、医疗从“线下”到“线上”转型，云上展会也成为疫情之下促进国际贸易交流的新方式，国际贸易交流、合作、交易等方式也更加多元，数字经济将在加速国际贸易、打破垄断等方面发挥更大的作用。

三、数字经济人才紧缺

数字经济近些年虽发展很快，但作为新兴领域，与之相适应的人才培养机制还尚未建立，数字经济人才缺口在不断加大。《人工智能产业人才发展报告（2019—2020 年）》指出，我国人工智能人才严重短缺，预计缺口达 30 万，特定技术方向和岗位上的供需比例严重失衡，如机器学习和计算机视觉领域的人才需求极其突出，但相关专业的人才极度稀缺，智能产业人才培养生态体系亟需建立。在加紧本土培养之外，我们还应该重视加强国际化、高流动性的数字经济人才配套服务，在全球范围吸引国际高端数字经济人才。

四、数据基础设施与安全保护成为关键

数字经济发展依赖于数字基础设施的搭建和应用，坚实的数字基础设施是数字经济快速发展的基础，电信、交通等基础设施对数字经济的约束很大，第五代通信体系的建设将刷新电信基础设施的

体能，也会加大各地在数字经济发展上的差距。与此同时，数字经济快速发展之下，企业信息安全、个人隐私等会越来越受到重视，粗放乃至野蛮生长的数字经济必然没有未来，因此加强数字经济规范发展的顶层设计，强化数据信息安全和保护，将是各国不得不重视的重要议题。

第四章　数字经济驱动制造业服务化转型的机理和效应

制造业服务化转型是制造业高质量发展、提升产业能级的重要方式，数字经济通过技术创新驱动、新商业模式驱动、产业融合驱动、风险约束驱动和协调发展驱动五个方面加速制造业的数字化转型，并产生了关联效应、溢出效应、风险约束效应和协调发展等效应，本章将围绕数字经济驱动制造业服务化转型的机理和效应展开。

第一节　数字经济驱动制造业服务化转型的机理

数字经济对产业发展带来了极大冲击，也从多方面加速了制造业服务化转型，本节将对数字经济驱动制造业服务化转型的机理进行剖析。

一、数字经济与制造业发展

数字经济，是指人们利用大数据、云计算、物联网、区块链、人工智能、5G 等信息技术手段实现对资源的优化配置、重组或再生，是继农业经济、工业经济之后的一种经济形态，以数据资源为关键要素，以现代网络平台为主要载体。

数字经济由于其快速增殖性、易传播性、高渗透性和经济外部性等特征，对人类经济社会的生产生活方式和社会治理方式都产生了深远影响。一方面，对原有生产组织方式进行重组，推进一二三产加速融合，另一方面，催生了“新零售”“新制造”等全新的商业模式和商业业态，与此同时，由于其扩展了人类信息交互的方式并加快了传播速度，从而构建了全新的个人、企业和政府的生态环境，进而形成了全新的社会政治和经济系统。世界各国都对数字经济高度重视，未来将成为重组世界要素资源、重塑世界经济格局和改变全球竞争关系的关键力量。

数字经济对产业发展带来了极大冲击，制造业也不例外，数字经济对制造业的影响主要表现在两个层次：在数字经济发展的初期，其对制造业的影响和渗透能力有限，主要是推进制造业本身的数字化转型，如提升企业信息化程度，包括产品设计、生产、销售和管理等诸多环节的数字化运行，目的是减少各环节的浪费，降本增效，实现精益制造和高效管理，最终提升利润。随着数字经济对制造业发展影响的逐步加深，数字经济对制造业的影响将不再仅仅停留于产业信息化水平提升的表面，而是作为工具加速制造业向更高层次迈进，如加速制造业服务化转型，此时的数据和信息网络将成为企业的一种工具和资产，数字经济将通过改变用企关系、企业间互动关系，从而改变企业的产品和服务生产方式、盈利方式，甚至企业存在和发展方式。

二、数字经济驱动制造业服务化转型的机理

数字经济驱动制造业服务化转型，可以从技术创新驱动、新商业模式驱动、产业融合驱动、风险约束驱动和协调发展驱动五个维度构建数字经济驱动制造业服务化转型的机理模型。

1. 技术创新驱动

数字经济最为本质的特征是数字技术支撑下的数字化的知识和信息成为最关键的生产要素，移动互联网、云计算、大数据、人工智能、物联网、5G、区块链等新技术集群式的发展，为制造业服务化转型提供技术创新带来的巨大驱动力。技术创新驱动主要是指应用数字技术和数据资源为传统制造业产业带来的产出增加和效率提升，是数字技术与制造业实体经济的融合。

一方面，数字技术通过关键资源转换，降低转型成本，有助于化解“制造业服务化悖论”。虽然学界和产业界普遍认为制造业服务化转型可以提升企业效率、增加利润、增强其竞争力，但是在现实实践中，仍有很多企业没有达到预期的效果，为服务化转型而投入的巨额成本无法收回，收益不增反降，出现转型困难甚至转型失

败，即所谓的“服务化转型悖论”。如2002年，英特尔公司不得不放弃服务业务部门，2010年，西门子公司也将其计算机服务部门出售。制造业企业可以通过数字技术实现低成本、高效率的转型，如移动互联网，可以将产品的研发、生产、销售和售后等环节实时在线，与此同时，财务核算、员工管理、运营决策等也都可以转移至“线上”端，从此企业提供服务将不再受时间和地域等因素限制；又如人工智能和物联网使制造企业的生产设备具有了智能感知、互动交流的功能，使企业提升生产效率，进而使得提供多样化的服务成为可能。

另一方面，数字经济通过技术架构的升级增加企业对客户的反应速度，以及企业内部生产方式和生产组织方式服务化变革的速度，提升转型敏捷性。比如云计算，数字经济将各类资源存储于“云”端，相较于本地基础设施部署，具有规模大、易扩展、灵活高效等诸多优势，通过采购云、销售云、设计云、生产云、财务云、管理云等云资源的应用实现企业技术架构的升级，有助于企业在开放生态中实现企业服务化转型创新和升级；又如大数据和云计算结合，通过对客户需求的实时捕捉和追踪，对顾客个性化的需求进行精准分析，打破信息不对称的壁垒，最终实现个性化服务需求的精准供应，同时可以使企业服务化转型中所有决策均有所可依，为企业提升转型速度、减少“踩雷”风险提供保障。

2. 新商业模式驱动

数字经济对数据的广泛应用改变了传统商业模式，促进了新服务的产生，加速了新流程的创造，也加快了制造业服务化转型的速度和广度。

一方面，数字经济引发的新商业模式催生了新的服务化需求市场，丰富了转型的内容，增加了转型的资源。数字经济的快速发展，带来网上购物、在线教育、远程医疗等“非接触经济”全面提速，随着北京、上海数据交易所的成立，数据合规咨询、质量评估、资产评估、交付等多领域的新商业模式和商业业态也应运而生，经济社会发展对专业化服务的需求不断增多，多样化的需求市场给了传统公司更多的转型空间和转型资源，如传统数控机床企业和鹰科技，准确发现了当前市场对于高端定制成衣的广阔需求市场，基于已形成的生产基地，整合世界一流设备制造企业、服务提供企业的领先技术与深厚的研发能力，继续引进、消化、创新现有的世界尖端技术，借助3D打印、大数据、云计算、物联网等先进数字技术，由单一的服装自动裁剪设备生产商向设计、排料、裁剪技术及设备的全面解决方案提供商转变，成为裁剪领域内软件、硬件、服务一体化供应商。

另一方面，新商业模式重塑企业以服务为主的盈利模式，推动构建服务化生态系统。数字经济具有自生长性、流动性和嵌入性的特征，可以嵌入企业组织内部，与其他要素深入融合，颠覆传统分工，重塑组织流程，数据内容共享平台成为新的产业价值链的中心，传统的交易流从点对点的营销与接收向互联网的平台多对多销售模式转变，新的以价值创造为目标的商业逻辑和商业资源重新进行着分配、协调和整合。制造业可以不依赖生产实物化的产品和获得利润，而通过为其客户提供所需的服务和信息资源，实现价值增值和利润创造，逐渐形成以服务为主的盈利模式，并逐步构建服务化的生态系统。如，优步（Uber）是全球最大的出租车公司，但并不生产制造汽车，甚至没有拥有任何车辆；又如爱彼迎（Airbnb）不拥有任何房地产，却并不影响它成为全球最大的住宿供应商；再如海尔集团将资源与市场融合，内部与外部融合，打造了全新的垂直开放互补生态系统，该利益共同体以满足用户的价值为中心，以共享平台为媒介，由自循环和内循环向系统大循环转变。

3. 产业融合驱动

2021年6月，国家统计局发布了《数字经济及其核心产业统计分类（2021）》，首次确定了数字经济的基本范围，从“数字产业化”和“产业数字化”两个方面，将其分为数字产品制造业、数字产品服务业、数字技术应用业、数字要素驱动业、数字化效率提升业等五大类。前四大类为数字产业化部分，即数字经济核心产业，是指为产业数字化发展提供数字技术、产品、服务、基础设施和解决方案以及完全依赖于数字技术、数据要素的各类经济活动，是数字经济发展的基础。产业融合驱动即数字产业化驱动，数字产业化扩展了传统制造企业的业务范围，数字产品的生产和制造或提供数字产品服务，实现了范围经济，也可以提升企业竞争力。范围经济得以实现的原因在于，一方面，该地区以前已经集聚了大量某种产业所需的人力、半成品供应商、服务商，从而发展与其相关的数字产业具有优势；另一方面，企业通过扩大经营范围，增加相关的数字产品种类，生产两种或两种以上的产品会引起单位成本降低。数字经济有利于范围经济的实现，进而驱动企业跨产业服务化转型。如以前只卖收音机的制造业企业，现在根据市场需求将产品内置存储卡，存储卡内有录制好的大量音频内容，可供孩子早教或老人娱乐，深受市场的欢迎。

4. 风险约束驱动

制造业服务化转型中，会出现诸多风险，而数字经济可以通过风险约束来驱动制造业服务化转型。

一方面，通过数据积累和分析实现提前预警，提升企业风险防控能力。企业服务化转型中，往往没有现成的模板可套用，因此要不断地进行尝试和摸索，而数字经济通过对海量数据的计算可以预判未来可能的风险点，并提示企业提早规避，在实时运行中，也可以更及时、更快速、更准确地将信息传递给转型决策者，以便做出更高效、更科学的决策。

另一方面，增加了市场信息的对称性，降低制造业企业提供金融服务风险，也增强了政府和金融机构对制造业服务化转型中债务金融风险的监管能力。制造业企业融资难、融资贵的关键原因是信息不对称，数字经济时代为此问题提供了新的解决方法，比如区块链通过分布记账技术破解了篡改存储数据、交易抵赖等难题，使企业间建立了信任机制，减少交易的中间环节，减少交易对账和记录等辅助性工作，降低了企业间交易成本，同时有助于解决金融产业和实体产业间的信息不对称问题，帮助制造业企业服务化转型中可以获得有针对性的金融支持。与此同时，大数据等数据应用在“算法 + 算力”的帮助下，可以帮助政府和金融机构分析服务化转型资金注入企业转型全过程、供应链各环节和组织流程全方位的数据，并对海量数据进行采集、存储、挖掘，并作出预测，助力决策，增强政府和金融机构对制造业服务化转型中债务金融风险的监管能力。

5. 协调发展驱动

协调发展驱动是指数字经济带来的高效率的信息互联有助于克服地区之间的发展不均衡，从而缩小区域间制造业服务化转型的差距。

一方面，数字经济提升了整体制造业服务化基础设施发展水平。数字经济时代，数据作为一项新的生产资料和关键生产要素，可以提升资源配置效率和全要素生产率，通过正外部效应，提升了制造业整体发展水平，同时制造业服务化转型所需的信息平台等基础设施的构建打下了基础。

另一方面，数字经济改变了要素流动方式和流动技术，促进区域经济协调发展。在传统的经济发展模式中，受地理空间和发展阶段水平的限制，各地区的经济发展大都依靠本地生产要素，制造业服务化转型的过程也大都依托本地的服务化需求市场、服务要素供给和服务化转型平台的支撑。数字经济通过对数据的收集、挖掘、存储等技术可以实现不同系统间的协同和适应性演化（周瑜、刘春成，2018），原因在于数字经济搭建的数字桥梁持续模糊了地区间的物理边界，将各地区的信息和服务等生产要素进行黏合，使跨空间的交流与合作成为可能，这对于处于不同发展阶段的地区缩小区域发展差距，更快实现跨越式发展提供了条件。例如有些地区经济发展水平相对滞后，制造业服务化转型所需的专业化咨询、数据平台搭建等服务，企业可以跨地区进行远程采购、远程生产并提供远程服务，从而更有利于制造业的服务化转型。

第二节　数字经济驱动制造业服务化转型的过程

数字经济对制造业服务化的影响和作用并不是一直变的，而是随着数字经济发展水平提升和与制造业企业的关系的深入而不断增强。本节将根据数字经济的嵌入程度以及对服务化要素和用企关系的驱动重点，构建三阶段驱动模型，即数字经济驱动服务化要素升级阶段、数字经济驱动服务化关系升级阶段和数字经济驱动服务化融合升级阶段。

一、数字经济驱动服务化要素升级阶段

在数字经济驱动制造业服务化发展的初期，数据开始对经济生活的方方面面产生影响，传统的生产要素，如土地、资本、劳动力、技术等生产要素开始与数据要素叠加，从而形成新的形态。如传统制造业的生产车间开始向数字化、智能化转型，办公方式由纸质转

为线上，生产的产品不仅限于实物本身，开始衍生出产品相关联的服务。数字技术的群体性突破，为服务化转型提供了技术支撑，移动互联网、物联网、云计算、大数据、VR/AR、人工智能、区块链、量子计算/量子通信等技术的应用，使企业在服务化转型中降低转型成本、决策更为科学。因此，该阶段的驱动重点是数字经济帮助制造业获取服务化转型要素，特征是在技术层面对制造业服务化进行帮助和提升，该阶段的主要影响因素是数字经济发展水平，尤其是制造业企业所处地区的行业信息化基础设施的发展水平。

二、数字经济驱动服务化关系升级阶段

当数字经济进一步向前发展，数字经济对制造业服务化转型的渗透和影响将不断加深，除了在技术层面为服务化加速和降本之外，开始改变制造业企业与客户的关系。传统的制造业企业与客户的关系仅限于前期的市场调研和最终的产品销售，而数字经济会推动制造业企业将客户置于价值链的核心，在企业生产、发展的全过程实时与顾客进行互动和交流。如生产前期，运用大数据对顾客的价值需求、价格敏感度和相关影响因素（物流快慢、售后便捷度等）进行分析，产品或服务在顾客的使用过程中运用人工智能、物联网随时感知顾客的状态，并搜集相关信息，以便对产品和服务进行进一步改进，产品销售或服务提供完成后，为企业提供顾客精准的反馈信息和未来期望，以便进一步精准捕捉不断变换的市场需求，动态调整产品或服务，从而在激烈的市场竞争中立于不败之地。此时数

字经济的驱动重点是改变传统企业的价值链模型，将顾客置于价值链核心并实时与其进行互动，特征是在制造业企业与用户的关系方面进行改善和提升，该阶段的主要影响因素是数字经济与制造业企业的融合度，尤其是企业本身对数字经济的接受度和应用度，将直接影响数字经济对制造业企业服务化转型的驱动力。

三、数字经济驱动服务化融合升级阶段

当数字经济深入嵌入到制造业企业中后，数字技术搭建的各类平台已经成为支撑制造业企业服务化转型的数字基础设施，大规模的信息系统建设提升了企业服务化转型的效率和管理半径，用企关系也从过去的以生产制造为核心转化为以用户为核心，并且随着二者互动的不断深入，企业将逐步实现技术驱动、垂直整合、融合发展、开放体系与生态系统的结合发展。在数据作为最核心生产要素的驱动下，企业的组织模式、市场形态和政府对企业的管理模式都将发生改变。数字经济加速个性化定制服务效率并极大地降低了成本，企业在数字技术的助力下可以更为便捷地调取和组合全行业的服务价值模块，从而不断进行产业创新，政府对制造业企业的管理也从过去的关注生产安全、产品和服务质量转为对企业数据信息、知识产权的保护，以及对新商业模式、新业态的监督和规范。该阶段的驱动重点是对制造业服务化进行综合升级，特征是产业开放式发展，产业生态得到重塑，该阶段的主要影响因素是该地区市场的开放度、自由度和规范性，高度发达的开放市场下数字经济可以更

好地加速制造业服务化融合升级，而规范市场监督引导和纯净的市场竞争环境更有利于产业融合创新。

第三节 数字经济驱动制造业服务化转型的效应

本节在驱动机理的理论框架下研究数字经济驱动我国制造业服务化转型的四大效应：一是数字经济与制造业服务化综合关联效应，即二者间关系研究；二是数字经济与制造业服务化绩效的互动溢出效应，即相互拉动能力研究；三是数字经济与制造业服务化风险的约束效应，即降低转型风险研究；四是数字经济与区域间制造业服务化协调效应，即缩小区域间服务化差距研究。

一、关联效应

数字经济与制造业服务化转型之间存在相互联系、相互影响和相互制约，我们称之为关联效应，采用格兰杰因果检验和系统间耦合度来进行检测。

格兰杰因果检验是指，我们在保证时间序列平稳性的前提下，若在包含了变量 X、Y 的过去信息的条件下，对变量 Y 的预测效果要优于只单独由 Y 的过去信息对 Y 进行的预测效果，即变量 X 有助于解释变量 Y 的将来变化，则认为变量 X 是引致变量 Y 的格兰杰原因。根据检验结果，我们来检验数字经济与制造业服务化之间的因果关系。

如果两个系统具有相近相通又相差相异的特点，那我们把二者称为具有耦合关系，耦合度越高代表两个系统或模块间的依赖性和制约性越强，数字经济和制造业服务化之间耦合关系的检测，可以帮助我们对二者耦合关系进行引导、强化，并促进二者良性、正向的相互作用、相互影响，激发二者潜能，从而实现二者优势互补和共同提升。此外，我们还将进行数字经济与制造业服务化的耦合协调度计算，耦合协调度是指相互作用中良性耦合程度的大小，体现了协调状况好坏，可以表征各功能之间是在高水平上相互促进还是低水平上相互制约。若二者耦合协调度较高，则说明数字经济与制造业服务化处于优质协调的状态，若二者耦合协调度比较低，则说明数字经济与制造业服务化系统内协调水平较差。

二、溢出效应

数字经济发展对制造业服务化发展产生的推动作用称为溢出效应。一方面，数字经济引发的新商业模式催生了新的服务化需求市场，丰富了转型的内容，增加了转型的资源；另一方面，新商业模式重塑企业以服务为主的盈利模式，推动构建服务化生态系统。与此同时，数字经济还有利于制造业企业通过服务化转型实现范围经济，因此存在溢出效应。但是在不同地区和数字经济的不同发展阶段下，对于不同类型的制造业服务化的溢出效应有不同。我们根据生产性服务业投入服务化将制造业服务化划分为资本与知识密集型服务化（主要包括商务服务业、信息服务业、研发服务业和金融服务业等）和劳动密集型服务化（主要包括批发零售业、交通运输和仓储等）。下文将通过建立回归模型对数字经济与制造业服务化的溢出效应进行检验，并区分行业、地区进行异质化研究。

三、风险约束效应

数字经济的发展具有降低制造业服务化转型风险的作用，我们称之为数字经济对制造业服务化的风险约束效应。数字经济通过数据积累和分析实现提前预警，提升企业风险防控能力，同时增加了市场信息的对称性，降低制造业企业提供金融服务风险，也增强了政府对制造业服务化转型中债务金融风险的监管能力。下文将建立回归模型对数字经济对市场风险的约束进行检验，并对不同地区进行异质性检验和分析。

四、协调发展效应

数字经济带来的高效率的信息互联有助于克服地区之间的发展不均衡，从而缩小区域间制造业服务化转型的差距，我们称之为数字经济对制造业服务化转型的协调发展效应。本书将在第五章中分别考察全国范围以及东、中、西部地区的制造业服务化的 σ 收敛性与 β 收敛性，比较不同地区的收敛状态与收敛速度，并考察数字经济对收敛性与收敛速度的影响。

第五章　数字经济驱动我国制造业服务化转型效应的实证分析

前文分析了数字经济驱动制造业服务化转型的机理和效应，本章将依据前文的逻辑框架，对我国数字经济驱动制造业服务化转型的效应进行实证分析。

第一节　变量设置与数据来源

为探究数字经济对制造业服务化的影响关系，本书采用中国2010—2019年省际面板数据，分别构建指标衡量省级数字经济发展水平与制造业服务化水平，并探究数字经济对制造业服务化的关联效应、拉动效应以及数字经济对市场风险的控制效应。

本部分主要阐释制造业与服务业的行业分类方式，并在此基础上阐释制造业（投入）服务化的计算方式，以及构建数字经济发展水平评价体系并利用熵值法对国内省际数字经济发展水平进行测算。

一、行业分类

根据42部门区域间投入产出表，我国制造业包含17个细分行业，包括：食品和烟草、纺织品、纺织服装鞋帽皮革羽绒及其制品、木材加工品和家具、造纸印刷和文教体育用品、石油、炼焦产品和核燃料加工品、化学产品、非金属矿物制品、金属冶炼和压延加工品、金属制品、通用设备、专用设备、交通运输设备、电气机械和器材、通信设备计算机和其他电子设备、仪器仪表、其他制造产品等。

服务业包含15个细分行业，包括：批发和零售、交通运输仓储和邮政、住宿和餐饮、信息传输软件和信息技术服务、金融、房地产、租赁和商务服务、科学研究、技术服务、水利环境和公共设施管理、居民服务修理和其他服务、教育、卫生和社会工作、文化体育和娱乐、公共管理社会保障和社会组织。服务业中，批发和零售、交通运输仓储和邮政、信息传输软件和信息技术服务、金融租赁和商务服务、科学研究和技术服务六个行业属于生产性服务业，与保障工业生产过程稳定运行、提高工业生产效率、推动工业技术进步直接相关，本书选择这六个行业作为制造业投入服务化水平的统计对象。

在此基础上本书对服务业进一步细分，由于各类服务投入在要素结构方面存在显著差异（赵书华和张弓，2009），[①] 因而企业层面服务

① 赵书华、张弓：《对服务贸易研究角度的探索——基于生产要素密集度对服务贸易行业的分类》，《财贸经济》2009年第3期。

化战略引致的经营范围和业务结构调整的本质在于要素投入结构的调整（陈丽娴，2017）。① 因此本书基于服务业要素密集程度的差异将生产性服务业划分为三类，分别为劳动密集型服务业，包括批发和零售、交通运输仓储和邮政，资本密集型，包括金融、租赁和商务服务，知识密集型，包括信息传输软件和信息技术服务、科学研究和技术服务。

二、制造业服务化

本书采用完全消耗系数衡量制造业投入服务化，完全消耗系数为直接消耗系数与全部间接消耗系数之和，行业 j 对行业 i 完全消耗系数的计算公式为：

$$b_{ij} = a_{ij} + \sum_{k=1}^{n} a_{ik} a_{jk} + \sum_{k=1}^{n} \sum_{s=1}^{n} a_{is} a_{sk} a_{kj} + \sum_{k=1}^{n} \sum_{s=1}^{n} a_{is} a_{sk} a_{kj} + \cdots \quad (1.1)$$

其中，右侧首项 a_{ij} 为行业 j 对行业 i 的直接消耗系数，代表行业 j 单位产出所需的 i 行业产品或服务的投入量。右侧其余各项为行业 j 对行业 i 的间接消耗系数，计算方式同直接消耗系数。完全消耗系数的矩阵形式为：

$$B = (I - A)^{-1} - I \quad (1.2)$$

B 为经济体各行业间的完全消耗系数矩阵，A = [a_{ij}] 为直接消

① 陈丽娴、沈鸿：《制造业服务化如何影响企业绩效和要素结构——基于上市公司数据的 PSM-DID 实证分析》，《经济学动态》2017 年第 5 期。

耗系数矩阵，I 为单位阵。同时，由于各行业总投入分为中间投入与增加值两部分，且不同行业增加值率存在差异，因此需要对完全消耗系数矩阵进行修正。修正方式参考杨玲（2015），[①] 对计算所得的完全消耗系数矩阵各列进行加总，并以每列加总之和的倒数作为修正系数对完全消耗系数矩阵进行修正，具体公式见式（1.3），b_{ij}、b'_{ij} 分别为修正前后的完全消耗系数。

$$b'_{ij} = b_{ij} \Big/ \sum_{i=1}^{n} b_{ij} \tag{1.3}$$

各行业服务化程度表示为该行业修正后的对服务业的完全消耗系数之和，制造业总体服务化水平则由各制造业行业服务化系数加权所得，权重为该行业总产出占制造业总产出的比例。

考虑到数据的可比性与一致性，本书选取国家统计局编制的 31 省市的区域间投入产出表作为投入产出的数据来源。由于国家区域间投入产出数据仅在 2012、2015 与 2017 年编制，为得到连续年份的数据，本书根据陈启斐和刘志彪（2014）[②]、刘奕辰等（2020）[③] 的方法补全缺失年份数据，本书以 2012 年完全消耗系数代替 2010 年与 2011 年数据，以 2015 年完全消耗系数代替 2013 年与 2014 年数

① 杨玲：《生产性服务进口贸易促进制造业服务化效应研究》，《数量经济技术经济研究》2015 年第 5 期。

② 陈启斐、刘志彪：《生产性服务进口对我国制造业技术进步的实证分析》，《数量经济技术经济研究》2014 年第 3 期。

③ 刘奕辰、栾维新、万述林：《制造业服务化是否匹配制造业生产效率——基于联立方程的多重中介效应实证》，《山西财经大学学报》2020 年第 1 期。

据，以 2017 年完全消耗系数代替 2016、2018 以及 2019 年数据。并且将制造业各个细分行业对服务业的完全消耗系数与各年制造业细分行业产值相乘得到各年各制造业细分行业的服务投入量，将各行业服务投入的总量与制造业总产出的比值作为该年的制造业服务投入化程度。

$$svrt_t = \frac{\sum_j b'_{ijt} \cdot y_{it}}{\sum_i y_{it}} \tag{1.4}$$

其中 y_{it} 为行业 i 的产值，各年份制造业细分行业产值数据来源于各省统计年鉴，个别省份个别年份制造业服务化缺失数据以线性插值方式补全。2010 年至 2019 年各省制造业服务化水平测算结果如表 1.1 所示。由于 2018、2019 年数据存在缺失，因此分析各省份 2010 年至 2017 年间制造业服务化发展趋势，可以发现：（1）东、中、西部地区各省份制造业服务化水平普遍上升，西部地区各省制造业服务化水平平均上升 0.047，高于东部地区的 0.043 和中部地区 0.033，可见西部地区制造业服务化水平上升最多，东部地区次之，中部地区最少；（2）就各省份制造业服务化水平增长幅度而言，上升幅度最大的三个省份依次是内蒙古（0.161）、宁夏（0.119）、上海（0.117），上升幅度最小的三个省份分别为福建（－0.047）、湖南（－0.012）、新疆（－0.006）；（3）就各省份制造业服务化水平排名而言，2010 年至 2017 年间排名上升幅度最大的三个省份依次为内蒙古（＋24）、湖北（＋14）、上海（＋11），排名下降最大的三个省份依次为湖南（－16）、福建（－15）、安徽（－14）。

表 5.1 各省制造业服务化水平

省份	2010	2011	2012	2013	2014	2015	2016	2017	2018	2019
上海	0.1882	0.1884	0.1908	0.3233	0.3234	0.3203	0.3013	0.3055	0.3012	0.3053
云南	0.2020	0.2036	0.1976	0.2252	0.2231	0.2141	0.2682	0.2796	0.2674	0.3117
内蒙古	0.1434	0.1453	0.1381	0.1574	0.1578	0.1442	0.3087	0.3045	0.3158	0.3174
北京	0.2152	0.2151	0.2130	0.2676	0.2681	0.2645	0.2957	0.2921	0.2952	0.2985
吉林	0.1916	0.1943	0.1886	0.2268	0.2265	0.2247	0.1995	0.1919	0.1842	0.1766
四川	0.1508	0.1516	0.1451	0.1639	0.1639	0.1576	0.1724	0.1871	0.2019	0.2167
天津	0.1791	0.1789	0.1760	0.2113	0.2098	0.2068	0.2436	0.2417	0.2397	0.2378
宁夏	0.1904	0.1888	0.1862	0.2061	0.2013	0.1916	0.3009	0.3094	0.3180	0.3265
安徽	0.2121	0.2116	0.2084	0.2688	0.2684	0.2607	0.2094	0.2063	0.2032	0.2001
山东	0.1148	0.1155	0.1105	0.1203	0.1203	0.1151	0.1447	0.1405	0.1364	0.1323
山西	0.2054	0.2034	0.1896	0.2143	0.2103	0.2021	0.2311	0.2285	0.2259	0.2232
广东	0.1433	0.1435	0.1455	0.1885	0.1882	0.1883	0.1693	0.1671	0.1691	0.1687
广西	0.1709	0.1703	0.1644	0.1996	0.1988	0.1909	0.2153	0.2079	0.2006	0.1933
新疆	0.2667	0.2678	0.2603	0.2837	0.2824	0.2714	0.2527	0.2604	0.2535	0.2535
江苏	0.1485	0.1486	0.1468	0.1962	0.1970	0.1945	0.1977	0.1953	0.1930	0.1907

（续表）

省份	2010	2011	2012	2013	2014	2015	2016	2017	2018	2019
江西	0.1549	0.1548	0.1562	0.1699	0.1692	0.1684	0.1554	0.1529	0.1503	0.1478
河北	0.1796	0.1798	0.1749	0.1926	0.1916	0.1867	0.2134	0.2090	0.2045	0.2001
河南	0.1648	0.1681	0.1713	0.1746	0.1779	0.1811	0.1819	0.1828	0.1836	0.1844
浙江	0.1800	0.1803	0.1789	0.2018	0.2015	0.2008	0.2104	0.2146	0.2100	0.2113
海南	0.1966	0.1963	0.1988	0.3038	0.3064	0.2934	0.2637	0.2740	0.2844	0.2948
湖北	0.1391	0.1378	0.1254	0.1627	0.1626	0.1475	0.2224	0.2118	0.2240	0.2231
湖南	0.2050	0.2057	0.1977	0.2253	0.2277	0.2178	0.1970	0.1931	0.1892	0.1853
甘肃	0.2006	0.2016	0.1950	0.2341	0.2342	0.2251	0.2522	0.2630	0.2464	0.2473
福建	0.1837	0.1837	0.1781	0.1702	0.1715	0.1662	0.1347	0.1370	0.1394	0.1417
贵州	0.2403	0.2393	0.2326	0.2656	0.2652	0.2536	0.2743	0.3032	0.2735	0.2743
辽宁	0.1544	0.1544	0.1759	0.2140	0.2147	0.2044	0.1801	0.1763	0.1787	0.1785
重庆	0.1712	0.1752	0.1730	0.2289	0.2292	0.2259	0.1988	0.2049	0.1989	0.1990
陕西	0.1793	0.1803	0.1782	0.2126	0.2113	0.2032	0.1929	0.2023	0.1938	0.2052
青海	0.1971	0.1930	0.1940	0.2135	0.2137	0.2084	0.2109	0.2178	0.2247	0.2315
黑龙江	0.1849	0.1848	0.1770	0.2306	0.2267	0.2024	0.2730	0.2275	0.1819	0.1364

三、数字经济发展水平测度

现有研究度量数字经济发展水平的方法包括因子分析法、主成分分析法、熵值法、层次分析法、聚类分析法等，考虑到熵值法能够有效提高构建指标体系的客观性、合理性和准确性（袁徽文、高波，2022），① 因此本书采用熵值法构建省级数字经济发展水平指标体系（见表 5.2），度量数字经济发展水平的指标包含数字基础设施发展水平、数字企业应用水平、数字创新水平三类。数字基础设施发展水平包括互联网宽带接入用户数占比、人均光缆长度、移动电

表 5.2　数字经济发展水平指标体系

目标层	一级指标	二级指标
数字经济发展水平	数字基础设施发展水平	互联网宽带接入用户数占比（%）
		人均光缆长度（千米 / 人）
		移动电话普及率（%）
	数字企业应用水平	人均域名数（个 / 人）
		技术市场成交金额占 GDP 比重（%）
		软件业务收入占 GDP 比重（%）
	数字创新水平	人均发明专利授权数（个 / 人）
		规模以上工业企业 R&D 经费占工业总产值比重（%）
		单位工业产出的规模以上工业企业 R&D 人员全时当量（小时 / 人）

① 袁徽文、高波：《数字经济发展与高技术产业创新效率提升——基于中国省级面板数据的实证检验》，《科技进步与对策》2022 年第 5 期。

话普及率；数字企业应用水平包括人均域名数、技术市场成交金额占 GDP 比重、软件业务收入占 GDP 比重；数字创新水平包括人均发明专利授权数、规模以上工业企业 R&D 经费占工业总产值比重，单位工业产出的规模以上工业企业 R&D 人员全时当量。各项数据来源于国家统计局与 Wind 宏观数据库。

为采用熵值法确定数字经济发展水平指标体系中各变量权重，首先对各项数据进行离差标准化处理：

$$Y_{ij} = \frac{X_{ij} - Min(X_{ij})}{Max(X_{ij}) - Min(X_{ij})} \tag{1.5}$$

进一步通过式（1.5）确定每个个体中第 j 项指标的比重 p_{ij}：

$$p_{ij} = \frac{Y_{ij}}{\sum_{i} Y_{ij}} \tag{1.6}$$

并进一步计算第 j 项指标的熵值 e_j、差异系数 g_j 与权重。

$$e_j = -\frac{1}{\ln N}\sum_{1}^{N} p_{ij} \ln p_{ij}$$

$$g_j = 1 - e_j \tag{1.7}$$

$$w_j = \frac{g_j}{\sum_{j} g_j}$$

此时第 i 个研究对象的总体评价值 F_i 即为：

$$F_i = \sum_{j} w_j Y_{ij} \tag{1.8}$$

熵值法计算所得的数字经济发展水平各项指标的权重分别为：互联网宽带接入用户数占比（0.122）、人均光缆长度（0.117）、移动电话普及率（0.126）、人均域名数（0.092）、技术市场成交金额（0.094）、软件业务收入占 GDP 比重（0.105）、人均发明专利授权数（0.096）、规模以上工业企业 R&D 经费占工业总产值比重（0.123）、单位工业产出的规模以上工业企业 R&D 人员全时当量（0.123）。数字经济发展水平测算结果如表 5.3 所示。

比较各省份 2010—2019 年间 30 省份的数字经济发展水平的变化趋势，可以发现：（1）样本期初的 2010 年数字经济发展水平最高的三个省份分别为北京（0.478）、上海（0.293）、天津（0.258），发展程度最低的三个省份分别为云南（0.061）、贵州（0.081）、江西（0.082）；（2）样本期末的 2019 年数字经济发展水平最高的三个省份分别为北京（0.730）、浙江（0.593）、江苏（0.511），北京市的数字经济发展水平始终保持首位，发展程度最低的三个省份分别为新疆（0.247）、广西（0.250）、贵州（0.256）；（3）2010 至 2019 年数字经济发展水平排名提升最大的是江西（+13）、四川（+12）、云南（+8），排名下降最大的是山西（−14）、吉林（−13）和黑龙江（−8）；（4）提升幅度最大的是浙江（+0.345）、江苏（0.281）、四川（0.273），最小的分别是山西（0.122）、吉林（0.123）、黑龙江（0.143）；（5）样本期内东部地区省份数字经济发展水平平均增长 0.222，高于中部省份的 0.179 和西部省份的 0.199。

表 5.4 展示了 2010 年至 2019 年各省数字经济发展水平的描述性统计，从均值来看，东部地区各省的数字经济发展情况相对较好，中西部地区发展水平则相对较差且较为接近；从标准差来看，东部

表 5.3　各省数字经济发展水平

	2010	2011	2012	2013	2014	2015	2016	2017	2018	2019
上海	0.2929	0.3036	0.3418	0.3550	0.3778	0.4195	0.4501	0.4521	0.4616	0.4948
云南	0.0608	0.0770	0.0960	0.1057	0.1172	0.1434	0.1831	0.1937	0.2321	0.2759
内蒙古	0.1191	0.1424	0.1671	0.1797	0.1843	0.1932	0.2128	0.2492	0.2378	0.2860
北京	0.4776	0.5003	0.5523	0.5747	0.6140	0.6650	0.7019	0.7045	0.6947	0.7299
吉林	0.1408	0.1538	0.1858	0.1908	0.2057	0.2129	0.2292	0.2342	0.2634	0.2636
四川	0.0997	0.1100	0.1385	0.1584	0.1781	0.2099	0.2226	0.2885	0.3339	0.3722
天津	0.2577	0.2923	0.3329	0.3443	0.3749	0.4226	0.4361	0.3779	0.3891	0.4069
宁夏	0.1162	0.1300	0.1473	0.1620	0.1843	0.1921	0.2259	0.2513	0.2884	0.2999
安徽	0.1164	0.1339	0.1593	0.1786	0.1946	0.2297	0.2600	0.2915	0.3255	0.3602
山东	0.1707	0.2029	0.2271	0.2653	0.2776	0.3072	0.3346	0.3538	0.3690	0.3625
山西	0.1403	0.1465	0.1621	0.1778	0.1963	0.2129	0.2268	0.2390	0.2599	0.2626
广东	0.2318	0.2615	0.3072	0.3318	0.3345	0.3535	0.3695	0.3816	0.4304	0.4497
广西	0.0870	0.1087	0.1240	0.1338	0.1479	0.1507	0.1712	0.1869	0.2090	0.2499
新疆	0.0844	0.1037	0.1264	0.1417	0.1476	0.1699	0.1933	0.2017	0.2619	0.2468
江苏	0.2306	0.2625	0.3078	0.3357	0.3564	0.4064	0.4370	0.4538	0.4773	0.5113

（续表）

	2010	2011	2012	2013	2014	2015	2016	2017	2018	2019
江西	0.0820	0.0914	0.1012	0.1136	0.1229	0.1486	0.1687	0.2344	0.2906	0.3273
河北	0.1100	0.1294	0.1471	0.1673	0.1831	0.2014	0.2267	0.2595	0.2908	0.3166
河南	0.0939	0.1115	0.1298	0.1581	0.1728	0.1868	0.2096	0.2196	0.2416	0.2636
浙江	0.2487	0.2780	0.3310	0.3479	0.3816	0.4464	0.4742	0.5032	0.5480	0.5934
海南	0.0854	0.1040	0.1379	0.1680	0.1848	0.2009	0.2082	0.2243	0.2563	0.2834
湖北	0.1382	0.1549	0.1765	0.2013	0.2168	0.2376	0.2609	0.2741	0.2990	0.3277
湖南	0.1109	0.1260	0.1520	0.1670	0.1784	0.1973	0.2238	0.2722	0.3013	0.3208
甘肃	0.0959	0.1004	0.1202	0.1415	0.1575	0.1808	0.2071	0.2276	0.2441	0.2630
福建	0.1819	0.2145	0.2494	0.2660	0.2782	0.2972	0.3416	0.3953	0.4133	0.4204
贵州	0.0806	0.0975	0.1091	0.1366	0.1405	0.1545	0.1696	0.1973	0.2296	0.2561
辽宁	0.1809	0.2061	0.2336	0.2580	0.2736	0.2702	0.2848	0.3082	0.3212	0.3402
重庆	0.1409	0.1536	0.1750	0.1980	0.2239	0.2516	0.3123	0.3250	0.3652	0.3901
陕西	0.1367	0.1554	0.1782	0.2123	0.2308	0.2549	0.2823	0.3045	0.3263	0.3751
青海	0.1181	0.1345	0.1526	0.1595	0.1697	0.1711	0.2006	0.2250	0.2615	0.2794
黑龙江	0.1151	0.1320	0.1444	0.1638	0.1842	0.1957	0.2094	0.2414	0.2230	0.2586

地区的标准差最大而中部地区的标准差最小，意味着东部地区各省的数字经济发展水平较为不均衡，而中部地区各省数字经济发展水平相对较为均衡。

表 5.4　数字经济发展水平的描述性统计

地　区	平均值	标准差	最小值	最大值	样本数
全　国	0.2283261	0.1251965	0.0351468	0.7299493	360
东部地区	0.3169322	0.14359	0.0351468	0.7299493	132
中部地区	0.182589	0.0697504	0.0604076	0.3601594	108
西部地区	0.1720227	0.0800641	0.0387815	0.3901028	120

第二节　数字经济驱动制造业服务化的关联效应

本部分主要从两方面考察我国省级制造业投入服务化水平与数字经济发展水平的协同效应，一方面检验制造业服务化与数字经济发展水平之间的格兰杰因果关系，另一方面则探究数字经济发展水平与制造业服务化的耦合协调效应。

一、制造业服务化与数字经济的格兰杰因果检验

为检验制造业服务化水平与数字经济发展水平的因果关系，首先通过单位根检验的方式考察省际面板数据中制造业服务化水平与数字经济发展水平两个主要序列的平稳性，由于面板数据时间较短，因此采用 LLC 单位根检验的方法考察序列平稳性（见表 5.5）。

表 5.5 变量序列平稳性检验

变量	LLC 统计量 t 值	p 值
a2ar	−0.8981	0.1846
SSS	2.2566	0.9880
D.a2ar	−10.3441	0.0000
D.SSS	−8.4307	0.0000

注：LLC 统计量采用未调整 t 值。

制造业服务化水平原始序列的 LLC 统计量 p 值大于 10%，数字经济发展水平的 p 值超过 0.9，因此对两个序列进行一阶差分处理，得到的两个 LLC 统计量 p 值均小于 0.01，在 1% 显著性水平下通过了 LLC 检验，为平稳序列。

进一步检验序列的协整关系。本书选用 Kao 与 Pedroni 两种协整检验方法，两种协整检验结果如表 5.6 与表 5.7 所示：

表 5.6 Kao 协整检验

检验标准	统计量	p 值
Modified Dickey-Fuller t	4.0327	0
Dickey-Fuller t	5.0862	0
Augmented Dickey-Fuller t	6.3194	0
Unadjusted modified Dickey-Fuller t	3.508	0.0002
Unadjusted Dickey-Fuller t	4.1653	0

表 5.7 Pedroni 协整检验

检验标准	统计量	p 值
Modified Dickey-Fuller t	3.3692	0.0004
Phillips-Perron t	−0.2923	0.385
Augmented Dickey-Fuller t	−1.2391	0.1076

Kao 与 Pedroni 协整检验结果均表明制造业服务化水平与数字经济发展水平基本存在长期均衡关系，基本不存在伪回归现象。在此基础上进一步确定格兰杰因果检验最优滞后阶数，本书选取 AIC、BIC 与 HQIC 信息准则作为最优滞后阶数的选取依据，AIC、BIC 与 HQIC 的计算结果如表 5.8 所示，三项信息准则均显示一阶滞后最优。

表 5.8　最优滞后阶数检验

lag	AIC	BIC	HQIC
1	−6.61053*	−5.68236*	−6.23655*
2	−2.6076	−1.52378	−2.16945
3	−0.967353	0.30983	−0.44951
4	−4.16132	−2.63593	−3.5416
5	−6.59131	−4.73298	−5.83664

确定了最优滞后阶数后，对数字经济发展水平一阶滞后项（dDE）与制造业服务化水平一阶滞后项（dSVRT）进行格兰杰因果检验，表 5.9 显示两次检验结果均拒绝了原假设，表明数字经济发展水平与是制造业服务化水平的格兰杰原因。

表 5.9　格兰杰因果检验

原假设	滞后期	p 值	结　论
数字经济发展水平不是制造业服务化水平的格兰杰原因	1	0.004	拒绝原假设：数字经济发展水平是制造业服务化水平的格兰杰原因

进一步分别考察东、中、西部地区制造业服务化水平与数字经济发展水平的因果关系，同样采用滞后一阶的格兰杰因果检验，检

验结果如表5.10所示。检验结果表明，东部地区数字经济发展水平是制造业服务化的格兰杰原因，中部地区和西部地区二者则不存在显著因果关系。

表5.10 分地区的格兰杰因果检验

原假设	滞后期	p值	结论
东部地区：数字经济发展水平不是制造业服务化水平的格兰杰原因	1	0.011	拒绝原假设：数字经济发展水平是制造业服务化水平的格兰杰原因
中部地区：数字经济发展水平不是制造业服务化水平的格兰杰原因	1	0.249	不能拒绝原假设
西部地区：数字经济发展水平不是制造业服务化水平的格兰杰原因	1	0.629	不能拒绝原假设

二、制造业服务化与数字经济的耦合协调发展

首先根据式2.1计算个体i于t时间的制造业服务化发展水平与数字经济发展水平两个系统的耦合度$C_{i,t}$，耦合度$C_{i,t}$取值越大意味着系统间耦合程度越高。

$$C_{i,t}=\sqrt{\frac{svrt_{it}\times de_{it}}{\left(\frac{svrt_{it}+de_{it}}{2}\right)^2}} \tag{2.1}$$

其中$svrt_{it}$与de_{it}分别代表制造业服务化水平与数字经济发展水平，考虑到耦合度无法反映系统时间维度上的发展，系统间的高耦合度可能源自于本身较低的发展水平，因此在耦合度$C_{i,t}$的基础上进一步构建耦合协调度$D_{i,t}$，测算公式为：

$$D_{i,t}=\sqrt{C_{i,t}\times T_{i,t}}$$

$$T_{i,t}=\alpha_1 svrt_{it}+\alpha_2 de_{it} \tag{2.2}$$

$$s.t.\ \alpha_1+\alpha_2=1$$

其中 $T_{i,t}$ 代表制造业服务化水平与数字经济发展水平的综合评价得分，α_n 为二者在综合评价得分中的权重，本书令 α_1 与 α_2 均取 0.5，从而得到制造业服务化与数字经济的耦合协调度。各省制造业服务化与数字经济耦合度以及耦合协调度在样本期内的变化情况如图 5.1、5.2 所示。各省制造业服务化与数字经济的耦合度表现出不同的变化趋势，云南、新疆、贵州等欠发达省份的耦合度指数在

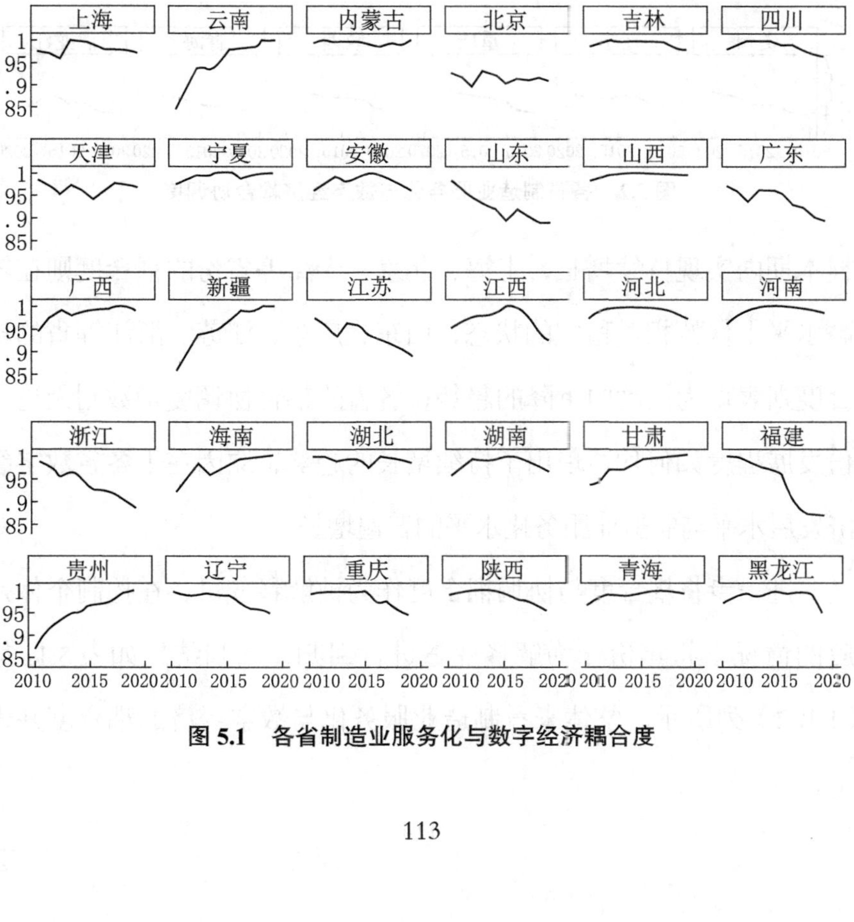

图 5.1　各省制造业服务化与数字经济耦合度

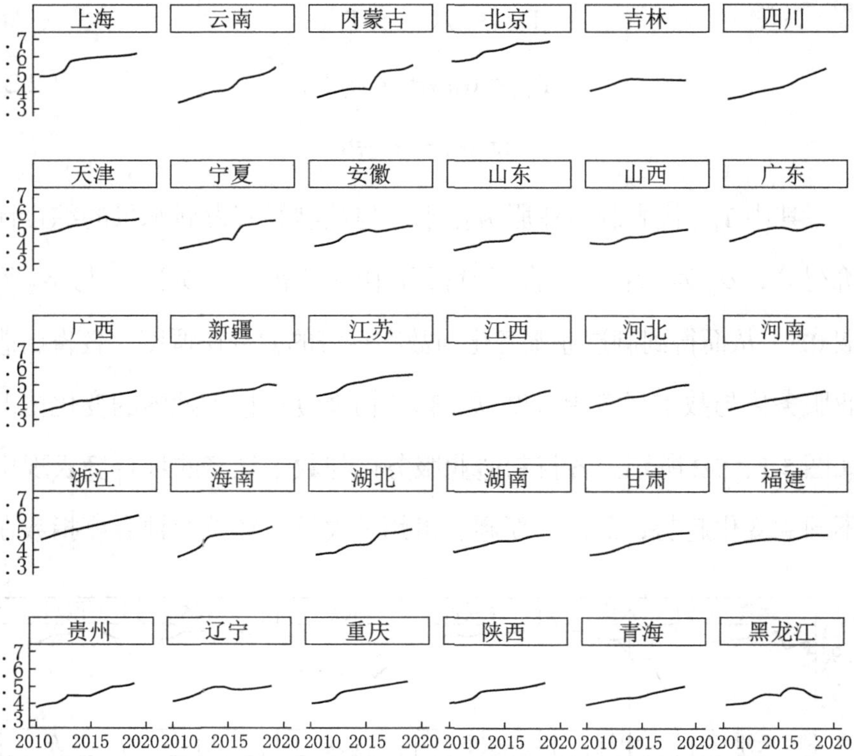

图 5.2　各省制造业服务化与数字经济耦合协调度

样本期内实现持续增长，上海、北京、天津等省份的耦合度则在较高水平上保持相对稳定的状态，山东、广东、江苏、浙江等省的耦合度则表现为波动中下降的趋势；各省的耦合协调度指数则无论省份发展程度如何均表现出了持续增长的趋势，原因在于各省数字经济发展水平与制造业服务化水平的普遍增长。

进一步将耦合度与协调耦合度作为被解释变量，在控制个体效应的情况下将年份作为解释变量进行回归，回归结果如表 5.11 第（1）（2）列所示，整体来看制造业服务化与数字经济的耦合度并未

表 5.11　耦合度与耦合协调度回归结果

	全国		东部		中部		西部	
	（1）	（2）	（3）	（4）	（5）	（6）	（7）	（8）
	耦合度	耦合协调度	耦合度	耦合协调度	耦合度	耦合协调度	耦合度	耦合协调度
年份	−0.000261	0.0141***	−0.00490***	0.0129***	−0.000104	0.0131***	0.00469***	0.0163***
	（−0.53）	（38.67）	（−6.30）	（21.44）	（−0.22）	（18.15）	（5.34）	（31.82）
cons	1.497	−27.91***	10.82***	−25.46***	1.196	−25.95***	−8.481***	−32.38***
	（1.5）	（−38.03）	（6.9）	（−21.03）	（1.23）	（−17.85）	（−4.79）	（−31.39）
个体效应	YES	YES	YES	YES	YES	YES	YES	YES
N	300	300	110	110	90	90	100	100

随时间出现显著变化，而协调耦合度随时间出现提升。

列（3）—（8）分别报告了东、中、西部地区耦合度与耦合协调度的回归结果。回归结果显示，耦合度方面，东部地区耦合度随时间区域下降，中部地区耦合度随时间变化趋势不明显，西部地区的耦合度则随时间具有显著提升，其中西部地区的提升速度更快。整体来看各省耦合度无论提升或下降，其变动趋势都相对较小，耦合度始终高于0.9，属于优质协调的范畴。耦合协调度方面，东、中、西部地区均表现出了显著的随时间提升的趋势，相比于耦合度提升更大，其中西部地区的提升最大，中部地区其次，东部地区提升最小。

结合耦合度与耦合协调度随时间的变化趋势可以发现，虽然不同地区间制造业服务化与数字经济耦合度的变化情况存在差异，但耦合协调度均实现了提升，其原因在于各地区制造业服务化与数字经济两个系统的综合评价得分实现了普遍提升。因此耦合度与耦合协调度随时间的变化趋势表明，从我国整体来看，制造业服务化与数字经济实现了耦合协调发展。

第三节　数字经济驱动制造业服务化的溢出效应

本部分基于模型3.1探究数字经济对制造业服务化水平的溢出效应，分别以整体制造业服务化水平以及各类细分制造业服务化水平作为被解释变量，数字经济发展水平的一阶滞后项作为解释变量，在控制个体效应的基础上进行回归。

$$svrt_{i,t}=\beta_0+\beta_1 de_{i,t-1}+\mu_i+\varepsilon_{i,t} \tag{3.1}$$

其中 svrt、de 分别为制造业服务化水平与数字经济发展水平，μ_i 为个体效应，$\varepsilon_{i,t}$ 为误差项。考虑到各类细分制造业服务化水平差异较大，为使数字经济发展水平对各类服务化的回归结果具有可比性，本书对被解释变量与解释变量均取对数后参与回归。

一、数字经济对资本、知识密集型与劳动密集型服务化的溢出效应

首先分别将整体制造业服务化水平、资本与知识密集型制造业服务化水平、劳动密集型制造业服务化水平取对数作为被解释变量，回归结果如表 5.12 所示。全样本的回归结果显示数字经济发展水平对整体制造业服务化水平具有显著的拉动作用，对整体服务化水平

表 5.12　数字经济对制造业服务化的拉动作用

	（1） 制造业服务化	（2） 资本、知识密集型服务化	（3） 劳动密集型服务化
数字经济发展水平	0.0456***	0.0387	0.359***
	（7.39）	（1.05）	（8.72）
cons	0.280***	−2.346***	−1.642***
	（28.88）	（40.34）	（25.40）
个体效应	YES	YES	YES
N	270	270	270

细分为资本与知识密集型与劳动密集型服务化水平后分别进行回归，数字经济发展水平对劳动密集型服务化水平具有显著的拉动作用，而对于资本与知识密集型服务化（商务服务业、信息服务业、研发服务业和金融服务业）的拉动作用并不显著。

进一步采用上述模型进行东、中、西部地区的分样本回归，回归结果如表5.13所示。回归结果显示，三个地区的数字经济发展水平对整体制造业服务化水平均存在显著的拉动作用，其中对东部地区的影响最大（0.0568），西部地区其次（0.0530），中部地区最低（0.0254）；数字经济对资本与知识密集型制造业服务化的拉动作用仅在中部地区显著（0.264）；数字经济对劳动密集型服务化的拉动作用则在东部与西部地区显著，对东部地区的影响最强（0.511）。

分地区来看，东部地区数字经济对资本与知识密集型的拉动作用并不显著，而对劳动密集型服务化的拉动作用显著；中部地区数字经济仅对资本与知识密集型服务化有显著的拉动作用（0.264），这体现了中部地区各省数字经济驱动传统产业转型升级的重要成果，湖北、湖南、河南等中部地区各省在2022年政府工作报告均对此做出了进一步规划与展望。西部地区数字经济则仅对劳动密集型服务化有促进作用（0.491），意味着西部地区数字经济对服务化的推动作用目前仅限于技术含量相对较低的批发零售及物流仓储领域。

二、数字经济对各类细分服务化的溢出效应

其次以各类生产性服务业的投入服务化为被解释变量，数字经

表 5.13　数字经济对制造业服务化拉动作用的地区异质性

	东部			中部			西部		
	（1）	（2）	（3）	（4）	（5）	（6）	（7）	（8）	（9）
	制造业服务化	资本、知识密集型服务化	劳动密集型服务化	制造业服务化	资本、知识密集型服务化	劳动密集型服务化	制造业服务化	资本、知识密集型服务化	劳动密集型服务化
数字经济	0.0568***	−0.0523	0.511***	0.0254*	0.264***	0.0377	0.0530***	−0.0635	0.491***
	（5.409）	（−0.634）	（10.18）	（1.746）	（4.095）	（0.406）	（7.161）	（−1.477）	（8.487）
cons	0.273***	−2.507***	−1.602***	0.242***	−1.996***	−2.181***	0.319***	−2.439***	−1.258***
	（21.47）	（−25.09）	（−26.36）	（9.617）	（−17.89）	（−13.53）	（23.60）	（−31.10）	（−11.92）
个体效应	YES	YES	YES	YES	YES	YES	YES	YES	YES
N	99	99	99	81	81	81	90	90	90

济发展水平为解释变量进行回归。全样本回归结果显示，数字经济对于租赁与商务服务（0.655）、批发零售（0.421）、交通运输和仓储（0.271）具有显著的促进作用；对于信息传输、软件和信息技术服务（−0.791）以及金融（−0.156）和科学研究服务化（−0.286）具有显著的负向影响（见表 5.14）。

表 5.14　数字经济对各类细分服务化的拉动作用

	（1）	（2）	（3）	（4）	（5）	（6）
	批发零售	交通运输、仓储	信息传输、软件和信息技术服务	金融	租赁和商务服务	科学研究和技术服务
数字经济	0.421***	0.271***	−0.791***	−0.156***	0.655***	−0.286***
	（8.319）	（5.532）	（−9.087）	（−3.138）	（13.32）	（−3.245）
cons	−2.239***	−2.518***	−6.151***	−3.325***	−2.580***	−5.589***
	（−28.12）	（−32.76）	（−44.95）	（−42.66）	（−33.37）	（−40.34）
个体效应	YES	YES	YES	YES	YES	YES
N	230	230	230	230	230	230

表 5.15 展示了分地区的回归结果。东部地区数字经济对各类细分服务化的促进作用从高到低依次为租赁和商务服务（0.796）、批发零售（0.698）、交通运输和仓储（0.343）、金融（−0.496）、信息技术服务（−1.282）；中部地区数字经济对各类细分服务化的促进作用仅在租赁和商务服务（0.852）和信息技术服务（−0.526）两个行业中显著，其余类型的服务化均不显著；西部地区从高到低依次为批发零售（0.541）、租赁与商务服务（0.439）、交通运输和仓储（0.424）、金融（−0.113）、信息技术服务（−0.678）、科学研究和技

术服务（−0.631）。

总体来看，各类细分服务化中受数字经济拉动最大的是租赁和商务服务。其原因在于租赁和商务服务业是数字经济产业的密切上游行业，数字经济的发展能够有效推动租赁和商务服务业提升创新效率、拓展创新空间、提高产出产品和服务的质量（李慧萍等，2021）。[①]

数字经济发展水平对制造业金融服务投入的影响仅在中部地区表现为正，近年来中部地区数字普惠金融的快速发展印证了这一回归结果。2021 年 12 月中国社会科学院农村发展研究所发布的《中国县域数字普惠金融发展指数报告 2021》[②]中便指出中部地区数字普惠金融与东部经济发达地区差距明显缩小，整体发展呈现赶超趋势。在 2017 至 2020 年的四年时间内，中部地区河南省的 19 个县便进入数字金融发展强县，县域数字普惠金融发展总指数中位数得分增长了 192%。

数字经济发展对信息传输、软件和信息技术服务的影响在各个地区普遍表现为负，数字经济对科学研究和技术服务的影响仅在东部地区表现为正。其原因在于样本期内我国制造业信息传输、软件

① 李慧萍、庄杉、张明轩、田金方：《数字经济产业关联测度及其经济效应研究——基于投入产出模型分析》，2021 年（第七届）全国大学生统计建模大赛获奖论文集。

② 中国社会科学院农村发展研究所：《中国县域数字普惠金融发展指数报告 2021》。

表 5.15　数字经济对细分服务化拉动作用的分地区回归

东部地区	（1） 批发零售	（2） 交通运输、仓储	（3） 信息传输、软件和信息技术服务	（4） 金融	（5） 租赁和商务服务	（6） 科学研究和技术服务
数字经济	0.698***	0.343***	−1.282***	−0.496***	0.796***	0.0811
	（9.968）	（5.193）	（−6.548）	（−3.956）	（7.897）	（0.423）
cons	−2.041***	−2.564***	−6.643***	−3.804***	−2.595***	−4.867***
	（−24.08）	（−32.11）	（−28.03）	（−25.10）	（−21.29）	（−21.00）
个体效应	YES	YES	YES	YES	YES	YES
N	99	99	99	99	99	99
中部地区	（1） 批发零售	（2） 交通运输、仓储	（3） 信息传输、软件和信息技术服务	（4） 金融	（5） 租赁和商务服务	（6） 科学研究和技术服务
数字经济	0.0152	−0.0124	−0.526***	0.0673	0.852***	−0.0929
	（0.182）	（−0.0993）	（−3.609）	（0.941）	（10.09）	（−0.958）
cons	−2.881***	−3.052***	−5.779***	−2.989***	−2.206***	−5.408***
	（−19.85）	（−14.14）	（−22.84）	（−24.11）	（−15.08）	（−32.18）
个体效应	YES	YES	YES	YES	YES	YES
N	81	81	80	81	81	81
西部地区	（1） 批发零售	（2） 交通运输、仓储	（3） 信息传输、软件和信息技术服务	（4） 金融	（5） 租赁和商务服务	（6） 科学研究和技术服务
数字经济	0.541***	0.424***	−0.678***	−0.113**	0.439***	−0.631***
	（6.068）	（7.736）	（−6.438）	（−2.296）	（6.441）	（−4.326）
cons	−1.927***	−2.053***	−5.978***	−3.124***	−2.802***	−6.387***
	（−11.85）	（−20.57）	（−31.03）	（−34.94）	（−22.54）	（−24.01）
个体效应	YES	YES	YES	YES	YES	YES
N	90	90	89	90	90	90

和信息技术服务与科学研究和技术服务两类服务投入的占比相对极低，仅占制造业中间投入总量的1.59%以及生产性服务投入总量的不足8%，较低的绝对数值导致了回归结果的不稳定。通过分析WIOD世界投入产出数据库数据可知，2010年前后我国制造业知识密集型服务投入（J61、J62—63、M72、M74—75）占中间投入总量的1.59%，相比之下美国、日本、德国制造业知识密集型服务投入占比分别为2.59%、4.68%、2.88%，我国制造业知识密集型服务投入的占比仍处于较低水平，需要进一步发挥数字经济对制造业服务化发展的赋能作用，推动更多知识、技术密集的服务要素参与制造业的生产过程。

第四节　数字经济驱动制造业服务化的风险约束效应

本部分探究数字经济发展水平对市场风险的约束作用，数字经济通过提升区域的金融效率与创新效率，对商业银行不良贷款率为表现的市场风险实现约束（孙光林和蒋伟，2021），① 赵振等（2016）指出数字经济能够有效促进行业要素、资源的匹配效率，② 能够有

① 孙光林、蒋伟：《数字经济对商业银行不良贷款率的影响机制研究》，《证券市场导报》2021年第5期。

② 赵振：《“互联网＋”下制造企业服务化悖论的平台化解决思路》，《科技进步与对策》2016年第6期。

效降低要素匹配过程中的信息不对称现象，进而实现对市场风险的有效约束。本书基于模型 4.1 探究数字经济对市场风险的约束作用，其中被解释变量 $nplr_{i,t}$ 为 i 省 t 时间的商业银行不良贷款率，$de_{i,t}$ 为数字经济发展水平。由于商业银行不良贷款率受宏观环境影响较大，因此在模型中添加时间固定效应，μ_i、μ_t、$\varepsilon_{i,t}$ 分别个体固定效应、时间固定效应与误差项。

$$nplr_{i,t}=\beta_0+\beta_1 de_{i,t-1}+\mu_i+\mu_t+\varepsilon_{i,t} \quad (4.1)$$

模型 4.1 的回归结果如表 5.16 列（1）所示，全样本数字经济发展水平对不良贷款率具有显著的负向影响，数字经济发展水平每提升 1 单位，不良贷款率下降 6.90，证明数字经济发展水平的提升能够有效抑制商业银行的不良贷款率，实现对市场风险的约束。

（2）（3）（4）列分别报告了东、中、西部分样本回归的结果，其中东部地区数字经济发展水平对商业银行不良贷款率的负向作用最强（−13.82），其次为中部地区（−13.20），西部地区数字经济发展水平对不良贷款率不具有显著的影响。其原因在于 2008—2019 年的不良资产全国性增长的过程中，不良贷款经历了从东部地区向中部地区，最终向西部地区蔓延的过程（陈凯等，2021）。[①] 东部地区各省的经济结构调整导致不良贷款暴露最早，随着经济发展逐步化解；由于“中部崛起”以及“西部大开发”战略的推动以及东部地区的产业梯度转移，中西部地区的信贷规模出现快速增长，但同时巨大

① 陈凯、刘筱慧、王雪、史升平、李刚：《商业银行不良贷款地区差异的泰尔指数分解及影响因素分析》，《工业技术经济》2021 年第 10 期。

信贷规模之下金融风险也随之从东部向中西部地区转移。正如前文所证实的，数字经济高速发展对金融服务的推动作用在中部地区最为显著，数字经济的发展从贷款审核流程等方面对贷款金融评估体系进行优化，有效抑制了中部地区的不良贷款率，实现了对市场风险的有效约束。

表 5.16　数字经济发展水平与商业银行不良贷款率回归结果

	（1） 全国	（2） 东部地区	（3） 中部地区	（4） 西部地区
L.SSS	−10.90*** （−5.728）	−13.82*** （−5.637）	−13.20*** （−4.337）	−6.364 （−1.097）
2012.year	0.0829 （0.534）	0.380* （1.723）	0.0793 （0.409）	−0.193 （−0.545）
2013.year	0.387** （2.223）	0.997*** （3.803）	0.415* （1.909）	−0.187 （−0.470）
2014.year	0.896*** （4.589）	1.556*** （5.220）	1.067*** （4.318）	0.161 （0.349）
2015.year	1.624*** （7.500）	2.179*** （6.503）	1.859*** （6.721）	0.975* （1.868）
2016.year	2.076*** （8.305）	2.664*** （6.670）	2.306*** （7.252）	1.451** （2.399）
2017.year	2.477*** （8.563）	3.056*** （6.754）	2.658*** （7.168）	1.899** （2.535）
2018.year	2.842*** （8.759）	3.508*** （7.274）	3.164*** （7.078）	2.038** （2.338）
2019.year	3.140*** （8.518）	3.599*** （6.786）	3.380*** （6.695）	2.590** （2.440）
Constant	2.657*** （8.641）	3.984*** （6.990）	2.588*** （6.789）	1.760*** （2.752）
个体效应	YES	YES	YES	YES
N	270	99	81	90

第五节　数字经济驱动区域间制造业服务化协调效应

为探究数字经济发展水平对制造业服务化区域协同发展的影响，本书分别考察全国范围以及东、中、西部地区的制造业服务化的 σ 收敛性与 β 收敛性，比较不同地区的收敛状态与收敛速度，并考察数字经济对收敛性与收敛速度的影响。

一、σ 收敛

σ 收敛反映区域内某一指标标准差随时间的变化趋势，如果区域内制造业服务化水平标准差逐渐减小，则认为存在 σ 收敛。σ 收敛的测度形式如式 5.1 所示，其中 $svrt_{i,t}$ 为省份 i 在 t 时间的制造业服务化发展水平。

$$\sigma_t = \sqrt{\frac{\sum_i (svrt_{i,t} - \overline{svrt_{i,t}})^2}{n}} \tag{5.1}$$

根据式 5.1 分别测算全国地区与东、中、西部地区的制造业服务化水平的 σ 值，测算结果如表 5.17 所示。可以发现全国范围以及东、中、西部地区区域内部制造业服务化水平均不存在 σ 收敛，而是呈现出区域为进一步分化的发展趋势。

表 5.17　全国与各区域 σ 值

年　份	全　国	东部地区	中部地区	西部地区
2010	0.0009519	0.000727	0.0007002	0.00106
2011	0.0009405	0.0007171	0.0006865	0.0010488
2012	0.000896	0.0007268	0.000685	0.0009904
2013	0.0019695	0.0031856	0.0013215	0.0010188
2014	0.0019713	0.0032273	0.0012787	0.001024
2015	0.001923	0.0031203	0.0012834	0.0009492
2016	0.0022453	0.0029251	0.0019431	0.0015559
2017	0.0024319	0.0031056	0.0015778	0.0018169
2018	0.0024465	0.0032016	0.0019682	0.0015198
2019	0.0030471	0.0035026	0.002515	0.0019382

二、β 收敛

根据 β 收敛的定义（Baumol，1986）[①]，制造业服务化水平呈现 β 收敛意味着制造业服务化水平较低的区域相对于较高的区域具有更高的增长速度，β 收敛分为绝对 β 收敛与相对 β 收敛，其区别在于后者进行了更多变量的控制。β 收敛的检验方式如式 5.2 所示，若回归系数 β <0，则说明制造业服务化水平存在 β 收敛特征，β 越小则意味着收敛速度越快。

$$\ln\left(\frac{svrt_{i,\ t+1}}{svrt_{i,\ t}}\right)=\alpha+\beta\ln(svrt_{i,\ t})+\varepsilon_{i,\ t} \quad (5.2)$$

表 5.18 报告了全国以及东中西部地区的制造业服务化 β 收敛回归结果。回归结果显示全国及各地区的制造业服务化水平均存在

① William J. Baumol. Productivity Growth，Convergence，and Welfare，"What the Long-Run Data Show"，The American Economic Review，May，1986.

β 收敛，其中东部地区收敛速度最快，中部地区其次，西部地区收敛速度最慢。

表 5.18　β 收敛回归结果

	（1） 全　国	（2） 东部地区	（3） 中部地区	（4） 西部地区
lna2ar	−0.282***	−0.346***	−0.259**	−0.220**
	（−6.08）	（−5.15）	（−2.76）	（−2.75）
cons	−0.435***	−0.545***	−0.416**	−0.314*
	（−5.80）	（−4.93）	（−2.68）	（−2.55）
N	270	99	81	90

在此基础上探究数字经济发展水平对制造业服务化 β 收敛速度的影响，在模型 5.2 的基础上添加数字经济发展水平与制造业服务化对数值的交互项 ln（$svrt_{i,t}$）× $de_{i,t}$，通过交互项系数考察数字经济发展水平对制造业服务化收敛速度的影响。模型 5.3 的回归结果如表 5.19 所示。

$$\ln\left(\frac{svrt_{i,t+1}}{svrt_{i,t}}\right) = \alpha + \beta_1 \ln(svrt_{i,t}) + \beta_2 \ln(svrt_{i,t}) \times de_{i,t} + \varepsilon_{i,t} \tag{5.3}$$

表 5.19　数字经济发展水平对 β 收敛速度的影响

	（1） 全　国	（2） 东部地区	（3） 中部地区	（4） 西部地区
lna2ar	−0.296***	−0.364***	−0.260***	−0.316***
	（−6.324）	（−5.414）	（−2.746）	（−3.573）
交互项	−0.132*	−0.160*	0.0290	−0.291**
	（−1.816）	（−1.722）	（0.163）	（−2.293）
cons	−0.506***	−0.659***	−0.408**	−0.541***
	（−6.005）	（−5.162）	（−2.509）	（−3.476）
N	30	11	9	10

添加交互项的回归结果显示，全国、东部地区和西部地区的交互项系数显著为负，中部地区的交互项系数不显著，意味着全国范围内、东部地区和西部地区区域内部的数字经济发展水平能够显著提升区域内制造业服务化水平的 β 收敛速度，数字经济对东西部地区制造业服务化水平的协同发展有显著的促进作用；但中部数字经济发展水平对区域内制造业服务化水平的 β 收敛速度没有显著影响，不能推动中西部地区各省制造业服务化的协同发展。

第六章　上海数字经济驱动制造业服务化转型的效应

上海是我国制造业发展的重镇，制造业体量大、基础好，制造业服务化转型也走在全国的前列。近些年，上海数字经济飞速发展，为制造业服务化转型注入了新的动力。本章将对上海数字经济驱动制造业服务化转型的效应进行分析。

第一节　上海制造业服务化与数字经济发展现状

为探究上海市数字经济发展水平于制造业服务化之间的关系，本部分首先对上海市制造业服务化水平与数字经济发展水平进行测度。测度方式同前文，基于投入产出数据对制造业服务化水平进行测算；利用熵值法对数字经济发展水平进行测算，数字经济发展水平包括数字基础设施发展水平、数字企业应用水平、数字创新水平三类指标；制造业与服务业行业分类亦同上文。

一、上海制造业服务化水平

上海市 2010—2019 年制造业服务化以及细分的资本与知识密集型服务化、劳动密集型服务化的测算结果如表 6.1 所示。测算结果显示样本期内上海市各类服务化水平均有显著提升，整体制造业服务化水平提升了 0.117，资本与知识密集型服务化提升了 0.048，占总提升幅度的 40.65%，劳动密集型的服务化提升了 0.070，占总提升幅度的 59.35%。

表 6.1　上海市制造业服务化测算结果

	制造业服务化	资本与知识密集型服务化	劳动密集型服务化
2010	0.1882	0.0893	0.0989
2011	0.1884	0.0896	0.0988
2012	0.1908	0.0904	0.1003
2013	0.3233	0.1871	0.1362
2014	0.3234	0.1869	0.1365
2015	0.3203	0.1856	0.1348
2016	0.3013	0.1309	0.1705
2017	0.3055	0.1352	0.1703
2018	0.3012	0.1311	0.1701
2019	0.3053	0.1369	0.1684

样本期内上海市各类制造业服务化在全国各省（除港澳台与西藏）的排名变化趋势如图 6.1 所示。样本期初上海市劳动密集型服

务化水平排名处在全国各省中下游位置，排名第17，而整体制造业服务化水平与技术水平较高的资本密集与知识密集型服务化水平排名相对较高，分别位列第13与11。至样本期末，上海市各类服务化水平均实现较大提升，资本密集与知识密集型服务化水平处在全国首位，但由于劳动密集型服务化水平排名相对较低，因此整体服务化水平排名全国第4。

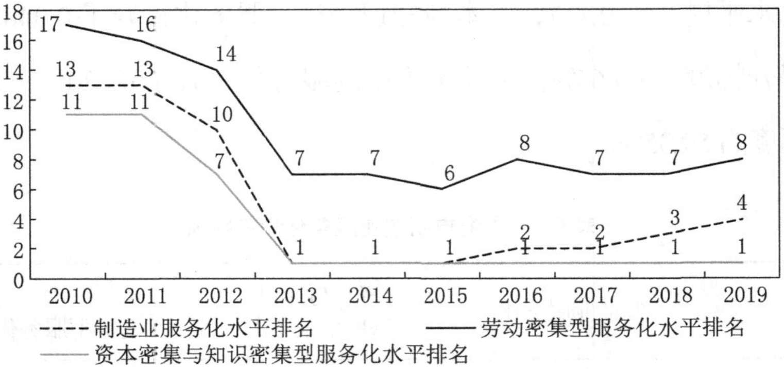

图 6.1　上海市各类制造业服务化水平排名

二、上海数字经济发展水平

2010至2017年上海市数字经济发展水平与三类数字经济子指标的测算结果如表6.2所示。样本期内数字经济发展水平提升0.190，其中数字基础设施发展水平提升0.089，占提升幅度的47.00%，数字企业应用水平提升0.052，占提升幅度的27.50%，数字创新水平提升0.049，占提升幅度的25.61%。

样本期内上海市数字经济发展水平及各类子指标在全国各省（除港澳台与西藏）的排名变化趋势如图6.2所示。样本期内上海市

表 6.2　上海市数字经济测算结果

	数字经济发展水平	数字基础设施发展水平	数字企业应用水平	数字创新水平
2010	0.2929	0.1366	0.0406	0.1157
2011	0.3036	0.1382	0.0456	0.1198
2012	0.3418	0.1559	0.0559	0.1300
2013	0.3550	0.1574	0.0576	0.1400
2014	0.3778	0.1697	0.0625	0.1455
2015	0.4195	0.1759	0.0799	0.1637
2016	0.4501	0.1889	0.0887	0.1726
2017	0.4521	0.2051	0.0862	0.1607
2018	0.4616	0.2280	0.0806	0.1531
2019	0.4948	0.2485	0.0881	0.1583

数字经济发展水平排名由第 2 下降至第 4 位；数字基础设施发展水平由第 2 位下降至第 5 位；数字企业应用水平排名由第 2 位下降至第 3 位；数字创新水平排名相对较低，约为第 5 位至第 6 位。

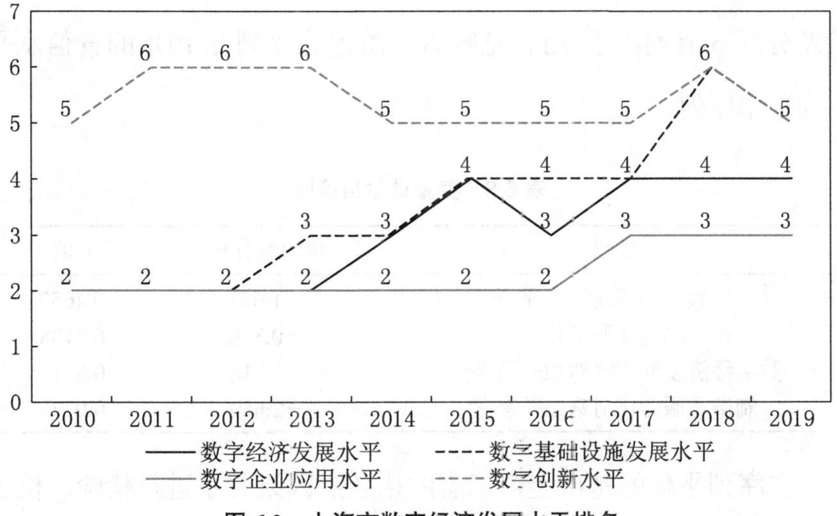

图 6.2　上海市数字经济发展水平排名

第二节　上海数字经济驱动制造业服务化的关联效应

本部分采用格兰杰因果检验与耦合协调度两种方式度量制造业服务化与数字经济的协同发展关系，数字经济发展水平与制造业服务化水平的样本期为 2010 至 2019 年。

一、制造业服务化与数字经济的格兰杰因果检验

首先对上海市数字经济发展水平与制造业服务化水平的对数序列进行单位根检验。单位根检验结果如表 6.3 所示，数字经济发展水平与制造业服务化水平的对数序列均存在单位根，将序列进行一阶差分后 p 值均小于 0.1，意味着一阶差分序列在 10% 的置信水平上为平稳序列。

表 6.3　变量单位根检验

变量	检验统计量	p 值
数字经济发展水平	−1.634	0.4652
制造业服务化	−0.378	0.9138
数字经济发展水平对数一阶差分	−2.716	0.0714
制造业服务化对数一阶差分	−2.680	0.0775

在序列平稳的基础上对二者的格兰杰因果关系进行检验，检验结果如表 6.4 所示，其中 Dde 为数字经济发展水平对数的一阶差分

项，Dsvrt 为制造业服务化水平对数的一阶差分项。由于采用的样本数据为短时间序列，故选取滞后阶数为一阶。回归结果显示，数字经济发展水平对数差分项的一阶滞后对制造业服务化水平对数差分项的回归系数显著，这意味着上海市数字经济发展水平为制造业服务化水平的格兰杰原因。

表 6.4　格兰杰因果检验

	（1）	（2）
VARIABLES	Dde	Dsvrt
滞后阶数	1	
AIC	−26.64277	
BIC	−26.16612	
数字经济一阶滞后	0.0262	0.00916
	（0.299）	（0.0737）
制造业服务化一阶滞后	2.687*	−0.0746
	（1.429）	（0.352）
Constant	−0.0940	0.0648***
	（0.101）	（0.0249）
Observations	8	8

注：括号内报告回归系数的标准误，***、** 和 * 分别代表 $p<0.01$、$p<0.05$ 以及 $p<0.1$。

二、制造业服务化与数字经济的耦合协调度

依照前文方法测算上海市制造业服务化与数字经济的耦合度与耦合协调度，二者随时间变化趋势如图 6.3 所示。

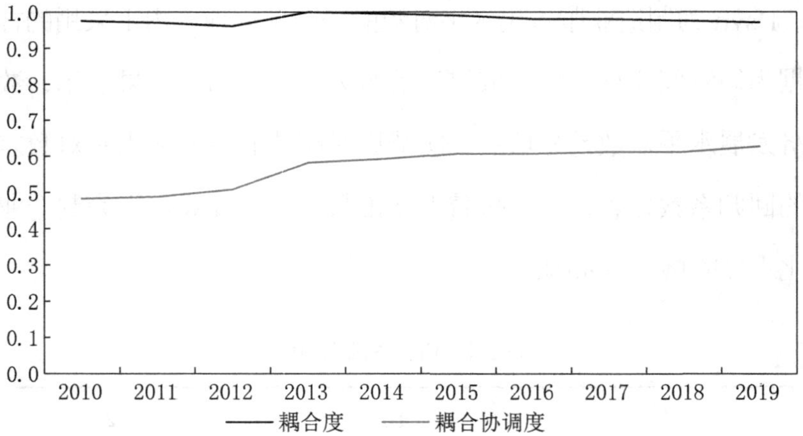

图 6.3　制造业服务化与数字经济耦合度与耦合协调度

表 6.5　耦合度与耦合协调度变化趋势

	(1) 耦合度	(2) 耦合协调度
年　份	0.000281	0.0164***
	(0.20)	(5.94)
Constant	0.415	−32.54***
	(0.14)	(−5.84)
Observations	10	10

上海市制造业服务化与数字经济的耦合度变化不明显，数值始终高于0.9，制造业服务化与数字经济的发展处于高度协调状态；耦合协调度在样本期内持续上升，反映了上海市制造业服务化水平与数字经济发展水平的持续提升。表6.5中以耦合度和耦合协调度为被解释变量，以时间为解释变量的回归结果同样印证了这一现象，即时间对耦合度的回归系数不显著，时间对耦合协调度的回归系数显著为正。

综合数字经济与制造业服务化的格兰杰因果分析与耦合协调度

分析结果，可以发现上海市数字经济与制造业服务化发展存在紧密的协同发展关系。数字经济的发展需要数字基础设施的不断完善、关键技术和前沿科技的积累突破等多方面共同支撑，上海拥有较为完善的基础设施建设、丰富的应用场景以及良好的创新环境，多方面的显著优势为数字经济与制造业服务化的协调发展奠定了基础。

第三节　上海数字经济驱动制造业服务化的溢出效应

本部分探究上海市数字经济对制造业服务化水平的拉动效应，分别以整体制造业服务化水平以及各类细分制造业服务化水平作为被解释变量，数字经济发展水平的一阶滞后项作为解释变量，基于模型 3.1 进行回归分析。

$$svrt_t = \beta_0 + \beta_1 de_{t-1} + \beta_2 svrt_{t-1} + X_t + \varepsilon_t \qquad (3.1)$$

其中，svrt、de 分别为制造业服务化水平与数字经济发展水平，X_t 为控制变量，ε_t 为误差项。本书参考黄群慧和霍景东（2014）[①] 的方法，选取产业结构、人力资本水平以及工业相对劳动生产率作为控制变量，其中产业结构以第二产业占 GDP 比重衡量，人力资本

① 黄群慧、霍景东:《全球制造业服务化水平及其影响因素——基于国际投入产出数据的实证分析》,《经济管理》2014 年第 1 期。

水平以劳动力人均受教育年限衡量，工业相对劳动生产率以第二产业劳动生产率与第三产业劳动生产率之比衡量。同时，考虑到各类细分制造业服务化水平差异较大，为使数字经济发展水平对各类服务化的回归结果具有可比性，本书对被解释变量与解释变量均取对数后参与回归。

分别将整体制造业服务化水平、资本与知识密集型制造业服务化水平、劳动密集型制造业服务化水平对数作为被解释变量，各类服务化水平以及数字经济发展水平一阶滞后项的对数作为解释变量进行回归，回归结果如表 6.6 所示。

表 6.6　数字经济对制造业服务化的拉动作用

	（1） 制造业服务化	（2） 资本与知识密集型 服务化	（3） 劳动密集型 服务化
服务化水平 一阶滞后	1.543 （0.41）	1.192 （0.17）	3.610* （5.38）
数字经济 一阶滞后	−0.119 （−0.10）	0.0369 （0.04）	−1.317* （−3.57）
产业结构	14.78 （0.73）	20.88 （0.61）	11.55* （3.27）
人力资本	0.00702 （0.55）	0.0101 （0.58）	0.00741* （3.50）
二三产业劳动 生产率之比	−4.876 （−1.00）	−6.888 （−0.81）	−1.402 （−1.69）
cons	−10.02 （−0.53）	−15.23 （−0.59）	−13.06* （−3.67）
Observations	9	9	9

回归结果显示，上海市数字经济发展水平对整体制造业服务化水平、知识与资本密集型服务化水平不具有显著促进作用，而对劳动密集型服务化水平具有显著的促进作用。其中数字经济发展水平每提升 1%，劳动密集型服务化水平提升约 3.61%。

2021 年 10 月发布的《上海市全面推进城市数字化转型“十四五”规划》明确了经济方面数字化转型的重点任务。一方面，《规划》指出应打造科创新生态、促进金融新科技、发展商务新业态、打造航运新枢纽，强调了科技创新、金融服务、商务服务、航运等多个生产性服务业领域的数字化转型；另一方面，《规划》提出聚焦制造业与数字化的深度融合，鼓励工业互联网平台提供标准化服务，以标准打通产业链和供应链。生产性服务业与制造业的数字化转型促进了生产性服务要素参与制造业生产过程，进而有效推动了制造业投入服务化转型，这与上文数字经济对各类的服务化的推动作用的结论相印证。但上文实证分析结论证明，现阶段上海市数字经济发展对资本与知识密集型服务化的推动作用相对较弱，仍需通过相关政策完善这一过程。

第四节　上海数字经济驱动制造业服务化的风险约束效应

本部分基于模型 4.1 探究上海市数字经济发展水平对市场风险

的约束作用，其中被解释变量 $nplr_t$ 为商业银行不良贷款率，de_t 为数字经济发展水平，X_t 为控制变量，ε_t 为误差项。本书参考孙光林和蒋伟（2021）① 的方式，选取产业结构、金融发展水平、知识产权保护三项指标作为控制变量。其中，产业结构以第二产业占 GDP 比重衡量，金融发展水平以年末金融机构存贷款余额之和占 GDP 比重衡量，知识产权保护用技术市场成交金额与 GDP 之比衡量。

$$nplr_t = \beta_0 + \beta_1 de_{t-1} + X_t + \varepsilon_t \qquad (4.1)$$

表 6.7　数字经济发展水平与商业银行不良贷款率回归结果

	不良贷款率
数字经济 一阶滞后	−4.764 （−2.25）
产业结构	−19.05 （−2.13）
金融发展水平	−0.357 （−1.17）
知识产权保护	−9.001 （−0.13）
Constant	4.345 （1.71）
Observations	9

模型 4.1 的回归结果如表 6.7 所示，数字经济发展水平对不良贷款率具有负向影响，这一负向影响在 10% 的显著水平上。数字经济

① 孙光林、蒋伟：《数字经济对商业银行不良贷款率的影响机制研究》，《证券市场导报》2021 年第 5 期。

发展水平每提升 1%，不良贷款率下降 4.764%，这意味着上海市数字经济发展水平的提升能够有效抑制商业银行的不良贷款率。具体而言，数字经济的发展使得风险监测预警体系进一步健全，处置机制进一步完善，进而保证了金融稳定发展，在保证市场主体活力得到激发的同时有效约束市场风险，成为上海国际金融中心建设的新机遇。

第七章　国内数字经济驱动制造业服务化转型的政策演进和案例分析

随着数字经济的快速推进，制造业发展转型已成为我国经济发展的重要趋势。我国政府高度重视数字经济，提出了“信息中国”战略，以推动数字经济与实体经济的深度融合。政府希望通过引导企业利用数字技术，提高制造业的附加值，促进产业结构升级。在政府政策的引导和支持下，我国制造业服务化转型取得了显著成效，许多企业开始利用数字技术，拓展服务业务，提高附加值。本章将梳理近年来我国政府在数字经济驱动制造业服务化转型方面的政策演进，并结合具体企业案例进行分析，对我国数字经济驱动制造业服务化转型的探索与实践之路进行总结，以期为我国未来发展提供经验教训。

第一节　中央的政策推进

一、中央推动数字经济发展的相关政策

近年来，我国数字经济以惊人的速度高速发展，已经成为推动我国经济增长的重要引擎。从发展历程来看，1982年国务院成立了“计算机与大规模集成电路领导小组”，这一极富远见的战略举措为我国后续的计算机发展奠定了基础。此外，中央在决策层面对网络、智能技术的认知超前，决策举措及时有力有效。例如，1990年国家计委、科委将EDI（数据交换系统）列入“八五”国家科技攻关项目，开启了EDI电子商务应用阶段。我国数字经济的发展历程可以划分为三个阶段：第一个阶段是国家关于数字经济的起步和筹划阶段。该阶段的核心任务是构建信息化的基础设施体系，为后续的通信技术发展和产业转型提供坚实基础。在此阶段，国家已开始加大对信息化基础设施建设的投入，为数字经济的发展注入强大的动力。第二个阶段是数字化经济发展的高峰时段。这段时间里，互联网产业迅速崛起并经历了充满活力的十年。随着网络基础建设逐渐完备，通信科技持续进步使得通信工具的价格下降且使用便利度提升，在此期间最显著的特点就是以电商为主导的互联网经济的迅猛扩张。在此阶段，互联网领域经历了一场飞速增长的过程，大量新颖的在线公司如同破土而出一般出现，从而加速了数字化经济的发展速度。

第三个阶段是数字经济成熟的阶段。2017 年至今，为促进数字经济相关产业发展，国务院及各部委出台了 100 多项国家层面数字经济发展相关政策。

在政策内容的第三个阶段，主要侧重于产业规划和指导意见，为产业发展明确了具体方向和目标。在产业数字化与数字产业化方面，2017 年 12 月，习近平总书记在十九届中央政治局第二次集体学习时指出，大数据是信息化发展的新阶段，要实施国家大数据战略，加快建设数字中国。做好信息化和工业化深度融合，推动制造业加速向数字化、网络化、智能化发展。2017 年至今，国务院及中央各部委先后出台了《关于创新管理优化服务培育壮大经济发展新动能加快新旧动能接续转换的意见》《关于促进“互联网 + 医疗健康”发展的意见》《国家数字经济创新发展试验区实施方案》《数字乡村发展战略纲要》等文件。在数字经济细分领域政策方面，数字经济发展的政策不断涌现，政策红利持续释放。过去五年，国家层面出台了一系列支持数字经济发展的政策，包括《大数据产业发展规划（2016—2020 年）》等规划；出台了支持移动互联网、工业互联网、云计算、虚拟现实、车联网、5G、区块链发展的政策，包括《关于促进移动互联网健康有序发展的意见》《“5G+ 工业互联网”512 工程推进方案》等文件。在数字经济数据方面，党中央高度重视数据要素发展。2017 年 12 月习近平主席强调了建立基于信息技术的数据驱动的数字化经济发展模式的重要性。中国共产党第十九届四中全会则确定把数据视为重要的生产要素并纳入收益分割体系中，在其后又再次确认它的重要性和基础性的角色定位，这都为我们加速推动大数据的发展进程及充分发挥它的潜在效益提供了清晰的路径指引。

表 7.1 展示了国家层面主要的政策规范性文件，可以看出我国推动数字经济发展的政策具有以下几个鲜明的特点：首先，从政策时机的角度来看，这些政策和决策的制定及出台都具有一定的时效性，这表明决策层对于数字经济的分析研判是清醒且准确的。在互联网产业快速发展的时期，政府能够及时地制定相应的政策，为产业的健康发展提供有力的支持。例如，在 1997 年和 1998 年，一些知名的互联网企业如网易、搜狐等相继创立，同时北京海星凯卓和陕西华星完成了第一单电子交易，这些事件都为互联网产业的快速发展提供了坚实的基础。1999 年，中央政府发布了有关推动移动通信产业发展的一系列建议通知，充分显示出我国对于新技术发展的关注程度及快速响应的能力。其次，从政策体系的角度来看，这些政策的延伸范围不断扩大，但内涵却始终如一，有效地促进了我国数字经济的蓬勃发展，并提供了有力保障。例如，1999 年制定的政策主要目标是加快发展移动通信产业，而从 2016 年开始，国家战略明确提出发展数字经济，并将其作为国家战略的核心目标之一，要求做大做强。面对 2020 年新冠肺炎疫情的不利影响，政府决定把 5G、区块链与工业互联网视为宏观经济管理手段及“新型基础设施建设”的主要项目以加速其发展步伐。这些政策不仅涵盖了移动通信产业，还包括了数字经济的发展方向、产业结构、产业组织等方

面，为产业的快速发展提供了坚实的政策基础和依据。最后，从政策成效的角度看，每个时期制定的政策均具有高度的实际意义和指导作用，为产业的快速发展提供了坚实的基础。这种一以贯之的政策效应，有力地推动了中国数字产业的接力发展，使得数字经济活动充满了活力。例如，政府在过去几年里积极推进虚拟化、互联网和人工智能等新型技术的进步。这些举措有效地加速了数字经济的发展和创新性增长，为中国制造业领域的转变提升提供了有力的支持。

表 7.1 国家层面与数字经济发展相关的规范性文件

阶　段	发布时间	文件名称及文号	核心词
信息化建设起步阶段	1999 年 1 月	国务院办公厅转发信息产业部国家计委《关于加快移动通信产业发展若干意见的通知》(国办发［1999］5 号)	移动通信
	2001 年 7 月	国务院办公厅转发国家计委等部门《关于促进我国国家空间信息基础设施建设和应用若干意见的通知》(国办发［2001］5 号)	空间信息基础设施
	2002 年 9 月	国务院办公厅转发国务院信息化工作办公室《关于振兴软件产业行动纲要的通知》(国办发［2002］47 号)	软件产业
电子商务发展与信息化建设深入阶段	2005 年 3 月	国务院办公厅《关于加快电子商务发展的若干意见》(国办发［2005］2 号)	电子商务
	2006 年 4 月	国务院《关于同意建立全国文化信息资源共享工程部际联席会议制度的批复》(国函［2006］30 号)	文化信息资源共享
	2007 年 4 月	《中华人民共和国政府信息公开条例》	政府信息公开

（续表）

阶　段	发布时间	文件名称及文号	核心词
数字经济发展新阶段	2014年3月	2014年《政府工作报告》	大数据首次写入中国中央政府工作报告
	2015年7月	《国务院关于积极推进“互联网+”行动的指导意见》(国发［2015］40号)	互联网+
	2015年8月	《促进大数据发展行动纲要》(［2015］50号)	大数据
	2015年12月	习近平总书记在第二届世界互联网大会上发表主旨演讲，指出中国将推进“数字中国”建设	数字中国
	2016年5月	《国务院关于深化制造业与互联网融合发展的指导意见》(国发［2016］28号)	互联网、制造业
	2016年9月	《国务院关于加快推进“互联网+政务服务”工作的指导意见》(国发［2016］55号)	互联网、政务
	2016年10月	中共中央政治局第36次集体学习	做大做强数字经济，拓展经济发展新空间
	2016年11月	《国务院关于印发“十三五”国家战略性新兴产业发展规划的通知》(国发［2016］67号)	数字创意产业
	2016年12月	《国务院关于印发“十三五”国家信息化规划的通知》(国发［2016］73号)	信息产业
	2017年1月	《工业和信息化部关于印发大数据产业发展规划（2016—2020年）的通知》(工信部规［2016］412号)	大数据
	2017年3月	2017年《政府工作报告》	数字经济

（续表）

阶　段	发布时间	文件名称及文号	核心词
数字经济发展新阶段	2017年12月	习近平总书记在中共中央政治局第二次集体学习时讲话	加快发展数字经济，推动实体经济和数字经济融合发展
	2019年3月	2018年《政府工作报告》	促进新兴企业加快发展，壮大数字经济
	2019年10月24日	中共中央政治局就区块链技术发展现状和趋势进行集体学习	加快推动区块链技术和产业创新发展，积极推进区块链和经济社会融合发展
	2020年2月21日和3月4日	中共中央政治局召开会议研究新型冠状肺炎疫情防控工作和“新基建”，强调要推动生物医药、医疗设备、5G网络、工业互联网等加快发展	5G、工业互联网、数据中心等新型基础设施开始登上宏观经济调控舞台

资料来源：《数字经济发展及其法律服务研究课题报告》。

二、中央推动制造业升级的相关政策

在“十三五”期间，我国采取了积极的措施，以实现从制造大国向制造强国的转变。为此，我国实施了制造强国战略，以推动制造业的发展和升级。《中国制造2025》政策的发布，明确强调了提高制造业创新能力、推进信息化与工业化深度融合，并将智能制造作为主要攻克方向。这一战略在“十四五”期间得到了进一步强化，并上升为国家战略。《中华人民共和国国民经济和社会发展第十四个五年规划》中专门开辟第五篇章节，论述“以数字化转型整体驱动生产方式、生活方式和治理方式变革”。在接下来的几年里，国务院及其相关部委陆续发布了至少20项支持政策，平均每年至少三项。值得注意的是，2015—2017年和2020年出现了两个小的高潮。这充分表明政策层面已认识到制造业的重要地位，并对数字化转型提出了迫切要求。在“十四五”期间，我国相继发布了《中华人民共和国国民经济和社会发展第十四个五年规划和2035年远景目标纲要》《“十四五”智能制造发展规划》等政策文件。我国制造业应以智能制造为主攻方向，推动产业技术的变革和优化升级，实现企业形态和制造业产业模式的根本性转变。通过创新带动改革，提高质量、效率效益，减少资源能源消耗，畅通产业链供应链，助力实现碳达峰碳中和，推动我国制造业迈向全球价值链中高端。

从表7.2汇总的政策可以看出，我国制造业的相关政策体系主要沿着两条主线布局。首先，是“中国制造2025”以及围绕它的一系列制造业政策，如《产业关键共性技术》《制造业三年行动计划》等。在这些政策中，数字化转型成为主要的发力方向之一，强调结合数字化思维、手段和平台来提升制造业水平。其次，是针对数字化、网络化、智能化的“数字中国”政策，包括《促进大数据发展》《新一代人工智能》等。这些政策都强调了数字化新技术应该助推传统产业转型升级，探索新的增长模式，从而在一定程度上推动了制造业的服务化转型。其中，有两个关键性的政策需要被强调出来——一是《关于促进制造业产品和服务质量提升的实施意见》文件；它清晰阐明了一个观点，即产品的质量及提供的服务水平对于实现高效率且优质的经济增长是至关重要的，并且也是建立强大国家的基础所在。《实施意见》以科学规律为指导，从企业内在因素到外部环境，从企业到行业，围绕落实企业质量主体责任、增强质量提升动力、优化质量发展环境和加快重点产业质量提升等四个方面，提出了一系列具体的行动举措。二是《关于进一步促进服务型制造发展的指导意见》，该意见提出了两个阶段的目标。首先，将着力推动九大模式的发展，包括工业设计服务、定制化服务、供应链管理、共享制造、检验检测认证服务、全生命周期管理、总集成总承包、节能环保服务以及生产性金融服务。这些模式不仅涉及制造业各个环节的服务创新，还包括跨环节、跨领域的综合集成服务。为了实现这一目标，《指导意见》鼓励企业根据自身特点和优势，因地制宜地探索实践，深化新一代信息技术应用，发展信息增值服务，探索和实践智能服务新模式，大力发展制造业服务外包，持续推动服务型制造创新发展。

表 7.2　国家层面与制造业相关的规范性文件

发布时间	颁布机构	文件名称及文号	核心词
顶层设计类			
2015 年 5 月	国务院	《中国制造 2025》	提高制造业创新能力、推进信息化与工业化深度融合，把智能制造作为两化融合的主攻方向。
2016 年 3 月	党中央、国务院	《国民经济和社会发展第十三个五年规划纲要》	深入实施“中国制造 2025”，推进信息技术与制造技术深度融合。
2021 年 3 月	党中央、国务院	《国民经济和社会发展第十四个五年规划和 2035 年远景目标纲要》	以数字化转型整体驱动生产方式、生活方式和治理方式变革。

（续表）

发布时间	颁布机构	文件名称及文号	核心词
制造强国类			
2015年11月	工业和信息化部	《产业关键共性技术发展指南（2015）》	多项数字化智能化制造或设计技术。
2015年12月	工业和信息化部、国家标准化管理委员会	《国家智能制造标准体系建设指南（2015）》	提升制造业智能化水平、推动生产型制造向服务型制造转型。
2016年5月	国务院	《关于深化制造业与互联网融合发展的指导意见》	普及骨干企业互联网“双创”平台，探索制造业与互联网融合新模式。
2016年12月	国务院	《“十二五”国家战略性新兴产业发展规划》	大力发展智能制造系统，继续推进“互联网＋”行动。
2016年12月	国务院	《“十三五”国家信息化规划》	推进实施“中国制造2025”，深化制造业与互联网融合发展。
2016年12月	工业和信息化部、财政部	《智能制造发展规划（2016—2020）》	普及数字化制造，示范引领智能化制造；在传统行业推广应用数字化技术、智能化制造装备。
2017年4月	科技部	《“十三五”先进制造技术领域科技创新专项规划》	构建数字化、智能化、网络化的智能化生产线和数字化工厂，从而提升生产效率、产品质量，提升产业的竞争力。
2017年11月	国务院	《关于深化“互联网＋先进制造业”发展工业互联网的指导意见》	打造与我国经济发展相适应的工业互联网体系。
2017年11月	国家发展改革委	《增强制造业核心竞争力三年行动计划（2018—2020）》	推动互联网、大数据、人工智能和实体经济深度融合，突破制造业重点领域关键技术实现产业化，增强制造业核心。
2019年8月	工业和信息化部	《关于促进制造业产品和服务质量提升的实施意见》	强化数字化、网络化、智能化等技术对制造业的支撑作用。

（续表）

发布时间	颁布机构	文件名称及文号	核心词
2020 年 6 月	工业和信息化部、国家发展改革委、教育部、科技部等	《关于进一步促进服务型制造发展的指导意见》	引导制造业企业稳步提升数字化、网络化水平，加强新一代信息技术应用。
2021 年 6 月	工业和信息化部、科技部、财政部等	《关于加快培育发展制造业优质企业的指导意见》	实施智能制造工程、制造业数字化转型行动和 5G 应用创新行动。

资料来源：中大商业评论。

第二节　地方的政策探索

一、地方政府推动数字经济发展的相关政策

制造业的服务化转型，不仅需要中央层面的顶层设计和战略规划，还需要地方政府的积极响应和决策引领。地方政府需要具备组织体系、监管保障、产业布局、政策支持等方面的能力。伴随着中央层面数字化产业的相关法规持续发布，各地区也日益重视对该领域的策略引导。党的十九届五中全会以来，中共中央发布的关于我国国民经济与社会发展“十四五”规划及 2035 年远景目标纲要，全国 31 个省（自治区、直辖市）均将数字经济发展纳入地方

“十四五”规划和2035年远景目标纲要。为了更好地促进数字经济的发展，地方层面也在根据自身数字经济发展情况不断加强对数字经济的战略引导，涵盖关于数字经济发展战略、行业布局和财政支持等相关政策。截至2020年末，除了新疆与宁夏之外，中国所有省份都已经发布了专属于数字经济发展的特定政策文本，包含有发展策略、行业蓝图、补助措施等超过60种相关政策。这一系列政策的发布表明了我国对数字经济的国家及省级两级管理制度框架已构建完成。自2018年开始大量推出有关数字经济的政策后，各地区的数字经济进步步伐明显加速。比如，广东地区2017年至2019年数字经济总量提升了33.7%，而贵州则以每年22.1%的平均增速保持在全国领先地位，并持续五年领跑全国。总结来说，我国各地在数字经济领域的政策表现出以下特征：

一是近年来数字经济政策的发布密度极高。过去几年中，全国各地推出了多项数字经济相关政策文件，覆盖范围包括整体策略构想和具体执行细节，展现出中国对于数字化发展的深度关注及热切期望。这一系列密集发布的政策大约有九成以上于2018年后提出，其原因在于自2018年开始，世界各地如5G、AI、IoT等新一代的信息科技取得了迅猛进步，并持续融入实业领域。此外，美国与中国的贸易冲突亦推动中国更加强调数字产业的发展。

二是以实际行动计划和产业规划为主。到2020年末，各地已经发布了超过60项关于数字经济的相关政策，这些政策大部分以实际行动计划和产业战略为核心内容，其中约49%属于实际行动计划，另外37%则是针对产业的策略规划。实际行动计划和产业规划比高层级的整体规划更具有实际操作性和执行力，实际行动计划起到了确定数字经济的支持重点和具体目标的关键作用，同时它也构成了绩效评估的主要参考指标。另一方面，产业战略的目标在于构建数字经济在独特领域的发展优势，并促使其成为驱动经济增长的主导力量。这两个类型的政策都致力于加速数字经济的进步，并促使经济结构得到优化和转变升级。

三是各个地区针对本地数字化发展的具体策略都有所偏向。由于每个地区的数字化进展程度有所差异，因此它们的战略重点也呈现出显著区别。一些已经拥有高度发达数字产业的地方政府（比如上海市、浙江省、广东省）已经在构建他们的信息元素交易平台，并且设计了关于信息化管理的监管框架。例如，在全国首个数字经济地方立法《浙江省数字经济促进条例》中，明确提出了如何处理好各类信息的产权问题及其管理工作方式，来进一步推进数据资源市场的建立。然而，还有些地区由于自身的技术基础比较薄弱，所以目前还在致力于改善自身的网络环境或积极打造新的互联网服务体系，比如内蒙古或新疆这样的地区更注重于提升云计算大数据的基础设施质量，从而更好适应未来的发展需求。

四是把地区特质融入对数字经济发展的考虑中。各地区的数字经济发展策略都充分考虑到当地的自然资源、地理位置、角色设定和工业进步情况。比如，北京市更关注自由贸易试验区的数字化提升质量，并且发布了相关指导意见来促进数字贸易的增长；贵州省凭借自身强大的云计算和大数据实力，积极推动大数据产业的发展；广西壮族自治区则依靠它是中国唯一直通东南亚国家省份这一独特的地理优势，全力支持中国—东盟信息港的建立，加快开拓东南亚市场的步伐；重庆市则是聚焦于笔记本电脑、汽车、机械设备等主导产业，全面开展电子信息制造业和数字化赋能改造传统制造业。

五是数字经济政策开始强调跨区域协作。伴随着数字化进程的不断推进，政府决策层对跨区式发展的重视程度逐渐提高，希望借助这种方式来推动更为广阔且深入的发展。那些率先进入并引领了这一领域的地区已不再仅仅关注自身的成长，而是转向寻求更大范围内的互动及联通，以达到整体性的提升效果。比如，江苏携手宁夏共同发布了名为《2020 年江苏宁夏数字经济合作重点工作》的文件，该文提出要构建科技创新服务平台体系，同时强化各类项目实施过程中的交流沟通机制等，旨在促使两地的信息化技术水平得到同步增长。另外一种被频繁采用的方式是“飞地经济”模式：即利用外部地区的优质信息服务设施为本地提供支持和服务，同时也吸纳外部的先进理念到本区内。如温州鹿城—上海浦东人才科创飞地、婺城上海科创中心、滨江区诸暨岛等地都属于典型案例，这类地区都在努力引进外地的高端智力成果并充分运用，从而加速智能化转型升级步伐。这种模式不仅有助于缩小地区间的经济发展差距，还能够推动数字经济的创新和发展。

表 7.3　我国部分省份数字经济政策汇总

	发布时间	省　份	文件名称
行动计划	2018 年 9 月	广西壮族自治区	《广西数字经济发展三年行动计划（2018—2020 年）》
	2020 年 4 月	河北省	《河北省数字经济发展规划（2020—2025 年）》
	2020 年 4 月	江西省	《江西省数字经济发展三年行动计划》
	2020 年 9 月	北京市	《北京市促进数字经济创新发展行动纲要（2020—2022 年）》
产业计划	2018 年 5 月	重庆市	《重庆市深化“互联网 + 先进制造业”发展工业互联网实施方案》
	2018 年 6 月	贵州省	《关于促进大数据云计算人工智能创新发展加快建设数字贵州的意见》
	2020 年 5 月	安徽省	《安徽省智慧健康养老产业发展规划（2020—2025 年）》
	2020 年 5 月	陕西省	《陕西省数字经济产业发展引导目录（2020 版）》
补贴计划	2019 年 11 月	重庆市	《重庆市鼓励电子商务产业发展若干政策》
	2019 年 12 月	江苏省	《关于加快推进第五代移动通信网络建设发展的若干政策措施》
	2020 年 3 月	安徽省	《支持 5G 发展若干政策》
	2020 年 6 月	湖北省	《关于加快发展数字经济培育新的经济增长点的若干政策措施》

资料来源：华信咨询。

二、地方政府推动制造业升级的相关政策

在“十四五”期间，为推动各地区制造业的智能化转型升级，我国各省级政府结合本地实际情况，纷纷出台了相应的支持政策。这些政策旨在鼓励制造业向更加智能化、高效化、环保化的方向发展，以适应新时代的需求。从全国范围来看，主要省份都相继推出

了利好先进制造业的政策。

例如，浙江省在其“十四五”规划中明确提出，将推动纺织产业向高端化、品牌化、时尚化、绿色化方向发展，到2025年，现代纺织产业链年产值达到一万亿元。这一目标不仅展示了浙江省对先进制造业的高度重视，也表明了该省在建设全球先进制造业基地方面的决心。广州市也出台了《广州市先进制造业强市三年行动计划（2019—2021年）》，强调到2021年，广州市先进制造业增加值达3000亿元以上。计划中还明确提出打造汽车、超高清视频及新型显示两大世界级先进制造业集群，集群规模分别达到6000亿元、2300亿元；同时打造新材料、都市消费工业等四大国家级先进制造业集群，集群规模分别达到3000亿元、2000亿元、1200亿元、1000亿元。这些数据充分显示了广州市在发展先进制造业方面的强大决心和实力。深圳市则以引领先进制造业向服务型制造加速转型为目标，积极推动制造业的转型升级。同时，江苏省也从各项奖励上鼓励省内先进制造企业的发展，以提升其整体竞争力。这些政策都充分体现了各地政府对发展先进制造业的高度重视和坚定决心。

2023年是中国制造业高质量发展的关键之年。在这一年里，国家下大力气做优做强实体经济，各地制造业结构不断优化，创新成为主旋律，高质量发展的步伐更加夯实。通过制定明确的行动方案和实施关键措施，中国制造业将继续朝着高质量发展的目标迈进。浙江省政府发布了一份名为《浙江省“415X”先进制造业集群建设行动方案（2023—2027年）》的计划。该计划旨在打造世界级的先进产业群，包括新一代信息技术、绿色石化与新材料等四个领域，同时培育15个省级特色产业集群和一批具有高成长性的“新星”产业群。这一行动方案为浙江省的制造业发展提供了明确的方向，也为我国制造业的高质量发展注入了新的动力。5月，广东省连续发布了两个重要文件，即《关于新时代广东高质量发展的若干意见》和《关于高质量建设制造强省的意见》。这两份文件清晰地描绘出制造业高品质进步的路径规划及目标设定，并提出了一些具体的行动方案，例如坚定支持制造行业的领导地位，促进其向高级化、智能化、绿色化转型，保证关键产业链条实现自给自足与稳定运行等。这些策略对广东乃至全国的制造业提升都具有指导意义，同时也为我国实现高质量发展提供了一个全新的视角和途径。江苏省紧随其后，于7月印发了《加快建设制造强省行动方案》。该方案制定了一系列标准体系和分集群培育实施方案，重点打造9个万亿级集群、7个超5000亿集群，推动更多优势产业集群向世界级迈进。这一行动方案不仅为江苏省的制造业发展提供了明确的方向，也为中国制造业的高质量发展提供了新的动力和支撑。8月，北京市发布了《关于进一步推动首都高质量发展取得新突破的行动方案（2023—2025年）》。该方案提出了一系列具体措施，包括实施关键核心技术攻坚战行动计划，聚焦新一代信息技术、医药健康、新材料、新能源、智能网联汽车等领域，突破一批“卡脖子”技术等。这些政策不仅为北京市的制造业进步指明了方向，同时也为中国制造业的优质发展开辟了新的思维模式和路径。此外，重庆市也发布了《深入推进新时代新征程新重庆制造业高质量发展行动方案（2023—2027年）》。该计划提出了一系列详细的策略，包括将重庆打造为国家级的先进制造业中心，在规模能力、创新赋能、结构调整、绿色低碳转变以及空间布局等领域实现新的突破。

表 7.4　我国部分省份先进制造业政策

发布时间	省市	文件名称及文号	主要内容
2019 年 2 月	江苏淮安	《淮安市政府关于加快培育先进制造业集群的指导意见》	到 2025 年，10 个先进制造业集群应税开票销售力争突破 3000 亿元，新能源汽车及部件、化工新材料高端装备制造集群规模力争分别达到 1000 亿元、500 亿元、400 亿元，集成电路、应用电子、特色食品精深加工 3 个集群规模力争分别达到 300 亿元。
2019 年 6 月	江苏扬州	《扬州市政府关于加快先进制造业（集群）发展的政策意见》	对当年工业设备投资不低于 600 万元的技改项目，给予设备投资额不超过 6% 的补助，单个项目补助最高不超过 300 万元。
2020 年 4 月	江苏南京	《南京市政府办公厅关于加强金融支持新型研发机构高新技术企业和先进制造业发展的通知》	凡在科创板成功上市的，给予每家企业（机构）300 万元的一次性补贴支持。
2020 年 9 月	江苏省	《关于组织开展江苏省先进制造业和现代服务业深度融合试点工作的通知》	“两业融合”试点将重点围绕和依托新型电力（新能源）装备、工程机械、物联网、高端纺织、前沿新材料、生物医药和新型医疗器械、集成电路、海工装备和高技术船舶、高端装备、节能环保、核心信息技术汽车及零部件（含新能源汽车）、新型显示等 13 个先进制造业集群。
2019 年 10 月	广东深圳	《深圳市住房和建设局关于面向先进制造业企业定向配租公共租赁住房的通告》	面向深圳市先进制造业企业定向配租，用于解决符合条件的职工阶段性的住房困难。

（续表）

发布时间	省市	文件名称及文号	主要内容
2020年5月	广东深圳	《深圳市人民政府办公厅关于印发进一步促进工业设计发展的若干措施的通知》	引领先进制造业向服务型制造加速转型。
2019年12月	广东广州	《广州市先进制造业强市三年行动计划（2019—2021年）》	到2021年，广州市先进制造业增加值达3000亿元以上，打造汽车、超高清视频及新型显示两大世界级先进制造业集群，集群规模分别达到6000亿元、2300亿元，打造新材料、都市消费工业等四大国家级先进制造业集群。
2020年12月	广东广州	《关于印发广州市黄埔区广州开发区广州高新区进一步促进先进制造业发展办法实施细则的通知》	鼓励企业运用出口信用保险工具，有效降低企业投资贸易风险，进一步理顺相关信保扶持条款的兑现工作。
2021年4月	广东广州	《关于组织申报2020年进一步促进先进制造业办法奖励的通知》	为进一步促进先进制造业发展，设立经营贡献奖、成长壮大奖、转型升级奖等鼓励企业先进制造业发展。
2021年5月	浙江省	《浙江省全球先进制造业基地建设“十四五”规划（征求意见稿）》	主要内容推动纺织产业向高端化、品牌化、时尚化、绿色化方向发展。到2025年，现代纺织产业链年产值达到1万亿元。

资料来源：作者整理。

第三节　典型企业案例分析

制造业的服务化转型不仅需要国家层面的战略规划，还需要地方政府的积极响应以及企业的创新实践。我国企业在境界眼光、技术开发、市场拓展、品牌打造、创新创造以及国际地位提升等方面取得了显著成果。例如，在电子邮件的普及、国际互联网接入、互联网企业的涌现以及经营模式的创新等方面均展现出了前瞻性和颠覆性。本部分将选取丹东克隆集团、特斯拉集团、曹操出行三个典型案例，展示企业在制造业服务化转型过程中的实践与创新。

一、丹东克隆集团：面向客户驱动的转型

成立于 1988 年的丹东克隆集团有限责任公司，是致力于机械密封行业的领先科技公司。自创立以来，该公司一直聚焦于机械密封与磁力泵领域的研究开发工作，并已成为中国主要的石油、石化及海洋石油公司的密封设备供应商。丹东克隆集团客户群较特殊，其生产产品主要面向石油化工行业装置设备的配套应用，客户的装置设备工况与安装需求决定着克隆集团的产品设计、制造和服务。同时，集团 70% 的订单均存在按客户装置设备的应用工况与安装尺寸进行配套产品的新研发、新设计。此外，随客户的装置升级改造或工况变化，也会对原有设计产生改型设计的需求。如何更好地为客户提供制造服务，是克隆集团 27 年以来一直的发展聚焦点，并以此为基础，逐步利用信息化系统，进行固定和优化。同时，制造企业的服务化也对企业的信息化能力提出了新的标准：

一是面向客户设计转型（ETO）。原先克隆在设计、财务、供应链等领域都有独立的信息系统应用，已经难以满足客户需求，例如 ERP 中不包含技术部门按客户需求选型设计过程，缺乏此过程以及

设计过程与制造过程的交互，将严重影响客户的产品交付期：部分已设计出产品无法先投放计划生产，实现边设计边生产；计划部门也无法在未成销售订单进行计划运算来安排用料需求与准备生产计划。最后，设计部门主要使用自主开发的PDM系统进行产品图档设计，而从图纸采集产生的信息也需从PDM传至ERP系统中供核算价格，总之，克隆集团迫切需要一种能力，一种基于客户需求进行设计和生产的能力。

二是产业链协作之困。如何更好地为下游客户服务，如何更好地与上游的供应商协作？这些都是克隆集团转型过程中思考的问题，而在之前较为孤立的信息化系统难以满足协作的需要，基于客户设计并生产的服务模式，需要开放克隆信息系统接入互联网，客户、供应商、驻外业务人员均可通过门户在系统获取服务，例如查询信息、下单、往来结算等业务协同，例如销售人员实现手机等移动终端进行查询与下单业务，避免了业务人员在异地往来客户现场间无法与系统业务交互的缺点；采购人员实现通过互联网进行供应物资在价格、交期、质量等多方面的协同等。

三是质量成本竞争力构建。克隆集团行业特殊，提供的产品应用于石油化工行业，产品质量关系着客户装置的运转安全，因此在整个来料及生产制造环节均需严控材料与加工质量，每道工序加工时均需进行产品检验直至装配后的出厂前试验检验，因此按工序检验的质量保障体系也是此次服务转型的挑战。同时，随着激烈的市场竞争形势，克隆集团产品价格也被迫下浮，如何能保证产品质量情况下降低产品价格，通过前端客户需求与设计提供的信息，对客户的特殊工况与安装需求，可快速得到信息进行模拟成本核算，核算出产品价格，按单生产的产品与模拟成本核算计算的价格进行对比分析，为客户提供更加准确、合理的价格，提升了克隆集团产品市场竞争优势。

克隆集团面向客户驱动进行转型，而整体的设计、供应链、制造，甚至基础的核算，都需要进行调整，因此克隆集团展开了基于“金蝶云·星空”的转型实践，其制造能力服务化转型实践主要从以下几个方面展开：

一是客户服务的一致性。克隆集团因制造的产品面向行业特殊，订单基本均含有“按单设计、多品种小批量、要求交付周期短”的要求，从客户需求的产品研发设计、产品制造交付、产品售后需要全程的监管，及实现一致性的承诺。而“金蝶云·星空”将集团公司以往的分散式业务管理集成到这一套软件系统中，并发挥平台开发灵活性将客户需求—供应链管理—生产制造管理—财务管理、分子公司跨组织业务管理全面集成一个平台，成功将克隆集团自行开发的PDM设计管理与“金蝶云·星空”数据集成，业务在管控环节均启用了审批流，既业务一体化又实现了业务管控，打造了克隆集团的ERP新模式。

二是基于ETO流程再造。丹东克隆集团为了更好地提升工作效率，首先利用“金蝶云·星空”的审批流，梳理企业的审批流程，各业务环节均部署了审批流，涉及企业的全方面业务，包括：基础数据、供应链、财务、资金等。企业全流程业务驱动实现无纸化业务办公，比原有的纸质流程提升了50%的效率。同时，基于克隆集团的面向订单设计服务应用，在“金蝶云·星空”中，开发设计了用于订货的内部合同单，集成了客户工况条件、产品设计图纸、制造工艺路线、用料数据等基础信息，在此基础上呈现出准确的产品报价与交货工期。同时，该单据在业务管控上，又能将整个报价及评审工期的工作通过系统的工作流加以串联，能够即时连接上下游的业务，也能够通过系统做好后续的计划管理。满足了客户对订货产品的报价准确、供货迅速的需求。在竞标的过程中，能够更准确、更快速地为客户提供所需的报价、工期信息，为企业能够拿下订单提供了强大的助力。后续计划、生产制造、采购通过业务流程环节得到的指令快速部署安排工作资源并快速响应，满足了监管审批与提升效率的兼得。

三是供应商协同。成本交期质量是制造业三大核心管控要素，克隆集团一方面通过计划运算/大宗采购等策略优化采购行为，一方面积极利用互联网手段，建立供应商协同平台，克隆集团将需求形成询价项目通知供应商，通过供应商报价、质量标准、交期综合评估出中标结果，生成采购价目表或直接生成采购订单。从而改变了传统采购询报比价由电话/传真发出回收再录入系统记录方式，减少操作环节，更加公平、透明化。

四是研发制造一体化。客户的个性化需求，源头需要研发及设计的支持，同时研发设计无论是物料还是工艺整合的深度，都会影响基于客户设计能力的敏捷性和整体制造的成本。“金蝶云·星空”系统在丹东克隆集团项目服务过程中，充分发挥其在K/3Cloud流程优化、BOS定制以及二次开发方面的优势，使得克隆项目在建设过程中、在研发设计集成的过程中有了全新的突破，实现物料、BOM、工艺等环节的深度集成。

五是业务移动化。在丹东克隆集团的转型中，集团积极利用先进的信息系统，例如移动应用，充分发挥了移动BOS的强大功能，目前克隆集团已基于移动BOS开发出了满足企业需求的特色应用，如移动设备管理使设备管理员借助手机实现对设备的二维码扫描、对账，以及在线查询设备状态查询、报修等功能。移动应用在克隆项目只是刚刚开始，克隆集团计划以移动BOS为基础，整合轻应用，与金蝶共同开发出一套满足本企业特色业务需要的App系统。

六是质量成本管理。庞大的组织机构加上产品多样化带来的复杂业务，使财务的成本核算出现了难题。“金蝶云·星空”将公司的产品、跨组织业务集成管理，使得财务核算在用料用工、费用申请上，能够全面地收集有关单据，并按照单据信息，明确地区分出费用对应的产品、组织部门，在不考虑基础数据准确性的前提下，这样计算出来的成本结果，无疑是准确的，是可信的，更是能够支撑克隆集团服务转型实践的。

二、特斯拉集团：制造业服务化与嵌入式保险结合

在制造业服务化过程中，保险服务扮演着至关重要的角色。它

们不仅为制造商提供了保障，使其能够在面临不确定市场环境时维持稳定的盈利能力，而且还具备直接服务客户的网络和能力。本案例将通过制造业服务化的理论框架，结合特斯拉作为“保险玩家”的实例进行详细阐述，以探讨制造业服务化与嵌入式保险之间的双向奔赴和深度融合。

1. 保险公司在产品后市场服务中的主导地位与作用

制造业服务化是一种策略，旨在通过整合产品生命周期和价值链，重振制造业。这种服务化模式将保养、修理和更新等服务集成到产品中，为消费者提供更全面的选择方案。这样做不仅有助于提高消费者的满意度和忠诚度，还为生产者创造了新的收益渠道。同时，服务化模式使生产者在产品使用的全过程中更好地掌控其产品，进而优化品质并减少成本。服务化方法建议公司尽可能获取有关现有业务生态系统的信息，以降低服务化项目的风险。智能制造面临的一个挑战是，制造公司需要以一种允许他们以小批量和高变异度满足动态客户需求的方式集成产品和服务，同时整合人工智能和自动化。这需要在技术、基础设施和人员培训方面进行重大投资，并在组织文化上转向更具合作性和以客户为中心的方法，客户参与中两个关键的公司支持要素是产品 / 服务推广方面的组织支持和 IT 系统方面的组织支持。产品—服务系统（PSS）是一种创新的商业模式，将产品和服务结合起来，以创造更可持续和以客户为中心的业务方法。产品—服务系统战略为智能制造企业、客户、环境和社会提供了若干好处。当提供满足客户特定需求的综合解决方案时，产品—服务系统增强了战略市场机会和业务差异化。在制造业实现服务化成功的关键因素是通过提供满足客户需求并提供竞争优势的综合产品—服务解决方案为客户创造价值的能力。这需要深入了解客户的需求和偏好，以及设计和提供与核心产品相辅相成的高质量服务的能力。综合看来，制造业正面临其独特的挑战，需要以适应高效个性化生产需求的方式实现产品和服务的集成。

保险公司作为服务化领域的开拓者，其保险产品更倾向于服务形态，而非传统意义上的商品。如今，数字化技术对保险公司及其客户产生了深远影响。保险公司通过增值服务来保持和提升其竞争力，并利用这些服务来塑造客户对保险服务的偏好结构，以实现竞争优势和创造差异化机会。通常情况下，增值服务可以理解为保险公司为智能制造企业提供的超出保险保障核心产品的额外服务或福利。保险公司可能会提供的增值服务包括全天候客户支持、在线保单管理工具、其他产品或服务的折扣、个性化风险评估以及访问健康计划或健康资源的权限。这些服务可以通过各种渠道提供，例如在线平台、移动应用、呼叫中心或与代理人进行的面对面交互。为了减轻客户的价格意识，保险公司也开始扩展其核心保险服务，通过不同类型的附加服务来实现。智能服务系统可以通过多种方式提供更相关、更个性化的服务，例如利用客户数据根据个体偏好和行为来进行个性化推荐和优惠。面对制造业，保险业传统的服务内容经梳理和整合如下：第一种类型的服务是“事故后”服务，它在保险公司需要为客户提供支持时作为客户服务的功能；第二种类型的服务可以描述为“增值”服务，这些服务越来越独立于核心提供，并且不主要涉及核心保险服务；第三种类型的服务是风险管理服务。保险公司可以通过与制造商的连接消费者设备和从制造商流式传输的数据更好地了解他们的客户；第四种服务是销售和客户管理服务，保险公司可以通过提供产品 / 服务推广和 IT 系统方面的组织支持来帮助客户参与，与保险公司合作将增加智能制造吸引和与客户交流的机会。

2. 特斯拉开创自有保险业务

特斯拉公司通过实施自有的汽车保险服务，以实时驾驶数据为基础确立保险费用的商业模式。该模式基于数据驱动的优势，对驾驶员驾驶习惯进行评估，并以此预测驾驶员未来的事故风险，从而制定相应的保费。这种基于行为的保险模式（BBI），不仅让消费者可以通过改善自身的驾驶习惯获取保费优惠，同时也让特斯拉得以降低其保险业务的整体风险。特斯拉汽车采用一体化压铸式车身设计，这种设计使得整车的集成度高，维修成本显著高于普通车辆。由于维修成本通常无法通过标准保费覆盖，因此保险公司只能选择提高保费。例如，在 2017 年，美国保险公司决定将特斯拉汽车的保险费提高 30%，进一步加重了特斯拉车主的保险负担。对于消费者来说，他们计算的成本不仅包括购买车辆的一次性投入，还应考虑车辆的运营维护、保险服务等持续成本。如果不能对这一问题找到解决方案，将对特斯拉汽车的消费者体验和新客户拓展造成较大负面影响。在多次与保险公司交涉无果后，特斯拉公司决定推出自营的汽车保险服务。通过实施UBI（Usage-based Insurance）模式，特斯拉对汽车保险的考量维度与传统保险公司大有不同。特斯拉基于其数据驱动优势，推出了一套用来对驾驶员驾驶习惯进行评分的模型——“Safety Score”。该模型从多个角度评估驾驶员的驾驶行为是否安全，其中包括但不限于如下几个维度：

（1）驾驶员急刹车的频率；

（2）驾驶员急转弯的频率；

（3）驾驶员跟车过近的频率；

（4）驾驶员双手同时离开方向盘的次数；

（5）前向碰撞警告的次数。

特斯拉将以上这些实时收集的数据代入公式，通过建模来预估驾驶员未来的事故发生概率，以生成一个月度的安全分数。安全分数越高，表明驾驶习惯越安全，因此需要支付的保费便越少；反之，需要支付的保费则越多。通过使用这种基于行为的保险模式，特斯拉不仅让消费者可以通过改善自身的驾驶习惯获取保费优惠，同时也让特斯拉得以降低其保险业务的整体风险。这种服务化转型模式，显示了数据驱动在服务化中的重要性，并且提供了一个结合产品、服务和保险为一体的全生命周期服务示例。

3. 特斯拉领衔的制造业服务化与嵌入式保险的融合

随着制造业的竞争格局与盈利模式的不断演变，汽车制造企业开始寻求保险业务的拓展。凭借自身的制造优势、数据积累以及对消费者服务的深入理解，这些制造企业具备了提供定制保险服务的条件。通过智能制造与保险业务的深度融合，这些企业能够更好地满足客户需求，优化产品设计及生产反馈，并为其提供全生命周期服务。这已成为推动制造业服务化的一种新趋势。在价值链理论的视角下，公司的价值创造是由一系列相互关联的基本行为实现的，例如产品原材料供应、成品制造业、物流服务分配、市场推广及商品售后业务等。而智能制造与保险业务的深度融合，使得服务化转型更为深入，涵盖了从设计、销售、使用到售后的全过程。通过嵌入产品中的传感器采集的客户行为的实时数据传输给制造商和保险公司，用于制定更加个性化、贴近实际的保险保单，降低客户的保险负担。特别是在客户使用过程中，通过数据反馈和分析，制造商能够精准理解客户需求，进而优化产品和服务。这种与客户的服务循环又进一步推动产品设计和生产的反馈。特斯拉涉足保险行业，通过与保险业务的融合进行了一次制造业服务化和保险业务整合的成功示范，可以总结为制造业服务化与嵌入式保险的一次双向奔赴。当保险公司因较高的维修成本而提高保险费用时，特斯拉引进了自有汽车保险产品。基于自身积累的实时驾驶数据，特斯拉通过 UBI 模型计算出安全分数，来决定车主应支付的保险费用。这种面向客户、基于行为的保险模式旨在降低整体的保险风险及车主的保费负担。

嵌入式保险是指保险产品被整合或“嵌入”到非保险产品或服务中，以创建一种无缝的用户体验。嵌入式保险可以将保险和核心产品或服务紧密相连，使得消费者在购买主要产品或服务时，可以顺带购买相关的保险服务。这种整合性的用户体验确保了用户在需要的时候可以更方便地获取保险保障。保险在其中不仅承担了损失补偿功能，更发挥了支付功能和服务连接功能。制造业将保险服务纳入产品的使用阶段，提供更加丰富完整的客户体验，同时保险公司也将保险服务融入制造业的产品中，形成一种服务化的组合，互利共赢。这种双向奔赴趋势也会进一步推动制造业服务化的发展：制造企业深入服务客户，不仅可以减少废旧零件浪费，还为制造业全生命周期碳足迹追踪提供了可能；同时，制造业企业通过这种服务化方式，可以更加深入地了解客户需求，提高自身产品的竞争力；而对于海外消费者来说，嵌入式保险提供了一种更为便捷且直观的体验方式，将汽车制造企业和消费者更紧密地联系在一起。瞄准产品全生命周期为用户提供保险保障，这种持续关注、持续服务的思路也符合制造业服务化进程中的持续增值理念，为制造业和保险业的未来发展打通了更加广阔的道路。

总体而言，对于制造商来说，嵌入式保险提供了强大的潜力，为制造商和消费者带来双赢的机会。通过嵌入式保险，制造商可以为其产品提供更全面的保护，并通过嵌入式保险得知更深入的客户反馈和需求，从而改善和优化产品设计。对于消费者来说，嵌入式保险提供了更便捷、有针对性的保险服务，将制造商和消费者更紧密地联系在一起。制造业服务化与嵌入式保险的双向奔赴，不仅推动了制造业从传统的生产销售系统向全生命周期服务模式的转变，也为保险业提供了全新的发展空间，带来了全新的市场创新机会。

三、曹操出行：汽车制造服务化的探索

在汽车制造企业服务化转型的初步阶段，主要提供的是支持产品的服务，并且聚焦于车辆及其行驶过程。汽车企业在这个阶段针对车辆的整个生命周期，努力提供多样化的服务业务，以帮助客户更好地管理他们的车辆。此外，为了进一步发展，汽车制造商不再仅仅局限于提供一次性的事务型服务，而是扩大服务组合，延长服务时间，努力与客户建立更长期的关系。除了改善车辆性能，汽车厂商所提供的服务也致力于帮助提高用户的效率和效益，并增强用户的操作技能和品牌满意度。例如，通过在线监测和实时跟踪服务来提供修理活动的支持，这在一定程度上增加了服务的透明度，使客户对品牌及服务更加信任。此外，通过应用程序或社交网络建立社区的服务，为客户提供了一个技能与经验交流分享的平台。尽管目前我国汽车行业仍以提供产品或使用导向的传统服务为主，但以结果为导向的出行服务升级方案也正在逐步兴起。随着服务成熟度的不断加深，汽车制造商开始提供使用导向的服务。与建立在物权基础之上的汽车销售不同，使用导向的服务不以物权为前提，更强调满足用户的使用价值。也就是说，在车辆所有权不转移的情况下，客户可以拥有一段时间的使用权。例如，短期出租和长期出租，这不仅能保持高度灵活性和便利性，也为客户减少营运成本，为社会减少资产占用和报废。

1. 吉利集团布局出行服务

吉利控股集团有限公司作为一家跨国投资企业，其历史可以追

溯至1986年。经过三十余年的发展，该企业始终致力于实体经济的发展、技术的创新及其员工的教育培训工作，并坚定不移地追求企业的持续健康成长。该集团主要包括五个核心分支部门——吉利汽车集团、沃尔沃汽车集团、吉利科技集团、吉利新能源商用车集团和铭泰集团，旨在通过整合各方优势，提升整体效率，实现最大的效益产出。目前，该企业已经发展成为涵盖车辆设计、开发、制作、营销和服务全过程的综合性国际企业，同时正在积极推进转型为具有高度竞争力的世界级技术驱动型新型交通工具提供商。

吉利从汽车制造商向出行服务商转型，原因主要有以下三点。第一，出行服务市场规模巨大。且经过滴滴出行等先行者对用户出行习惯的培育，移动出行与移动支付的方式已深入人心。第二，相关政策利好。新能源汽车已上升至国家战略。同时，国家提高行业准入门槛，规范出行市场。推出出行品牌“曹操出行”，不仅有利于新能源汽车的推广，也能快速适应网约车新政。第三，有独特竞争优势。在运营过程中，曹操出行累积了大量数据，这些数据对吉利的研发产生了积极的影响。通过这种方式，他们不仅能够进一步优化和完善新能源汽车的研发和制造工作，还能为吉利汽车的品牌推广提供帮助。

作为浙江亿咖通科技有限公司推出的“绿色交通网络”项目，曹操出行展示了如何利用其先进的技术和环保理念来打造全新的移动体验方式。通过将最新的车载信息系统与无人驾驶功能融入公共交通，实现对环境保护和社会责任感的承诺。同时，它提供一站式的个性化解决方案，包括网约车辆租赁及购物平台等一系列服务项目，旨在为人们创造更加便捷舒适的生活空间。目前，曹操出行的运营范围已经覆盖中国 54 个主要城市。

2. 曹操出行的 B2C 模式

自 2015 年创立以来，曹操出行始终秉持其独特的商业策略，即采用纯电动交通工具和统一运营方式，并严格筛选合格驾驶员（“双证合一”），以实现 B2C 经营理念。这一策略使得公司能够大量投资于购置新车与招募优秀驾驶人员，同时保证了整个团队的高品质服务水平。目前，曹操出行使用的车辆 90% 以上都是新能源汽车，既符合国家的政策导向，又降低了运营成本。“公车公营”指曹操出行对提供出行服务的新能源汽车拥有完全的产权与经营权，能最大程度实现自主经营。“认证司机”指通过线下司机认证服务，严格考察司机素质系列指标。滴滴打车已全线引入英国出租车的百年驾驶员训练和资格认定系统，并设立了滴哥学堂，为驾驶员提供专业课程学习机构。该校课程涵盖外貌形象管理、规范化操作流程、标准化商业交往行为准则、医学基础知识等多个领域，并定期组织有关安全的专题讲座，以增强驾乘人员对行车安保方面的认识与理解。

吉利在出行服务业务方面采取了垂直生态战略，专注于中高端移动出行细分市场，通过纵向整合公务商旅人士出行前、出行过程并延伸至出行目的地的各种需求，使服务要求体现了多元化、高品质及个性化的特点。2017 年 2 月，曹操出行成功通过了浙江省交通管理部门的审核并获得了《申请从事网络预约出租车的在线运营能力确认书》，成为中国首家获准开展新能源汽车共享出行业务的服务公司。2018 年 1 月，曹操出行获得了 A 轮 10 亿元融资，估值超过 100 亿元，得到了资本市场的认可。曹操出行还以参股或设立分支机构的方式，积极在全国布局出行服务。截至 2019 年 12 月 31 日，曹操出行已在全国 54 个城市开展服务，平台的注册用户超过 3300 万，并且已经投放了 4.8 万辆合法运营车辆。2019 年全年累计服务 1.67 亿人次，全年 MAU 领跑 B2C 出行市场，全年累计行驶里程超过 14.8 亿公里，全年使用曹操出行频次最高的用户累计用车 6448 次。自 2019 年第二季度起，曹操出行已经跃升为中国的第二大网约车公司和第一大 B2C 网约车平台。

3. 曹操出行服务化转型的核心要件

一是主体为制造企业。吉利集团是由李书福于 1997 年在浙江台州创立的制造企业，是中国第一家民营轿车企业。自 1998 年第一辆吉利汽车在浙江省临海市下线以来，吉利集团已发展成为拥有众多知名品牌的综合性企业，包括吉利汽车、领克汽车、沃尔沃汽车、Polestar、宝腾汽车、路特斯汽车、伦敦电动汽车、远程新能源商用车、太力飞行汽车、曹操出行、荷马、盛宝银行、铭泰等。截至 2019 年，吉利集团拥有超过 12 万名员工，总资产超过 3300 亿元，并连续七年成为“财富”全球 500 强企业。吉利集团在保持汽车制造为核心业务的同时，也涉足了金融、房地产、教育等行业的投资。然而，无论是从业务规模还是从资产比重上来看，汽车制造无疑是吉利集团的主要业务。因此，可以认为吉利集团是一家现代化的制造企业，符合制造服务化行为主体为制造业这一要件。

二是以产品为基础的服务。曹操出行是一家利用网络技术提供交通解决方案的企业，然而并未完全与吉利集团的车业生产脱节。截至2019年底，曹操出行已投入运营超过33000台车辆，其中约9.7成为新款新能源汽车，均来自吉利集团。为满足客户多样化的用车需求，曹操出行还配备了别克GL8商用车、B级博瑞轿车及高档沃尔沃汽车。所有运营中的车辆的维护和保养工作也由吉利集团负责。借助吉利控股集团的力量，曹操出行引入了一套源自英国百年的出租车驾驶员训练认证系统，并设立了一个名为“曹操学院”的地方，旨在培育专业的优秀驾驶员。因此，曹操出行致力于满足个人的出行要求，其核心在于通过个人汽车的功能实现，而这正是制造业服务的根本所在。

三是服务对象为下游用户。由于家庭用车的销售与交通服务的需要之间存在紧密联系，这种关系自21世纪初期以来一直存在。20世纪90年代以来，我国汽车工业发展迅速。到2001年左右，我国车辆生产量已突破200万辆大关。加入世贸组织后，我国国民经济发展速度加快，车辆买卖规模扩大。据统计，截至2022年为止，我国共生产了近两亿辆各类车型，占世界市场份额的26.5%。因此，购买一辆私家车已成为一种普及的消费行为。

四是价值共创。曹操出行与用户的价值共创，是在消费情境下基于服务主导逻辑的共创模式。其需求来源于用户对出行需求的感知，而价值的源泉则来自用户在体验曹操出行服务过程中所获得的情境价值。在此过程中，曹操出行提出价值主张，而用户则作为价值共创的主导者。在所需资源方面，主要以对象资源（如车辆）为主，而操纵性资源（如知识、技能、经验等）则为对象资源提供服务。从财务价值的角度来看，吉利集团成立曹操出行的动机主要是创造财务价值，以此拓展其收入来源。在关系价值方面，吉利利用其制造优势，率先抢占 B2C 出行市场，通过建立资源壁垒来阻碍潜在竞争者进入。在情感价值方面，吉利通过收购伦敦出租车公司，并将其管理制度引入到曹操出行。通过采取一系列措施，如对专车司机进行统一招募、签订正式劳动合同、采用标准化的商务礼仪、培训后上岗等，来树立良好的品牌形象和口碑，并建立了用户对品牌的信任和依赖。

通过对吉利集团旗下曹操出行的深入剖析，我们发现其服务模式符合制造服务化的四大核心要素。首先，该模式的主体以制造业为中心，突显了制造业在服务中的重要地位。其次，服务基于产品使用，强调了产品使用过程中服务的关键作用。第三，服务的接受者是对应的产品消费者，体现了消费者在服务中的核心地位。最后，服务具备持续变化的特点，强调了服务的灵活性和适应性。相较于传统的 4S 店销售和维修汽车的方式，吉利的出行服务表现出根本性的差异。4S 店主要关注汽车的交换价值，通过提供附加服务来提高企业收益。然而，吉利的出行服务更注重创造共享价值。吉利将可能出现的风险转移给客户，利用自身的控制力资源降低用车成本，优化用车体验，为客户提供便捷、安全、贴心的交通解决方案。同时，客户也因此获得了新的收入渠道和反馈使用体验的机会。这种双向交流促进了价值的共同创造。

第八章　数字经济驱动制造业服务化转型的国际经验

制造业服务化转型是国际产业发展的主要趋势之一，利用数字经济加速制造业服务化转型已成为世界各国提升制造业竞争力的重要手段。美国是世界最大经济体，特朗普政府发布了“美国先进制造业领导力战略”“国家人工智能战略”等政策文件，拜登上台后又相继发布了“2021 年创新与竞争法案”等文件，都旨在利用数字经济加速制造业能级提升。欧盟则在近年相继发布“工业 5.0：迈向可持续、以人为本和弹性的欧洲产业”“2030 数字罗盘：欧洲数字十年之路”等指导纲领。邻国日本也发布了“日本下一代人工智能推进战略”“互联网工业东京倡议”等规划文件。本章将对一些发达国家数字经济驱动制造业服务化转型的探索与实践之路进行总结，以期为我国未来发展提供经验借鉴。

第一节　美国的探索与实践

一、美国数字经济发展概况

美国商务部最早统计测算了狭义的数字经济。BEA 于 2018 年发布的《数字经济的定义和测度》报告中对数字领域（digital sector）和更广义的数字经济（digital economy）进行了区分，并且对数字领域进行了测度，包括数字化的核心活动、ICT 产品与服务、网络平台以及基于平台的活动，也即“狭义”的数字经济。报告指出 2015 年美国数字领域经济活动占总 GDP 的 8.3% 至 9.3%。① 整体来看，美国数字经济发展水平仍位居世界首位。欧盟委员会测算了欧盟 28 国及中国、美国等国家的核心数字经济，测算结果显示 2018 年美国数字经济规模达 13.39 亿欧元，为全球第一，中国数字经济规模为 6441 欧元，排名世界第三，仅次于美国及欧盟的 8018 亿欧元；结构方面，美国数字经济以信息服务业（67%）、数字媒体业（23%）为主，中国则以电子设备制造业（41%）和信息服务业（49%）为主。②

① 国际货币基金组织（IMF），Measuring the digital economy，Apr.，2018。

② 王娟、张蕴洁、宋洁、张平文：《中美欧数字经济与贸易的比较研究》，《西安交通大学学报（社会科学版）》2022 年第 3 期。

自1998年7月美国商务部发布《浮现中的数字经济》报告以来，历任美国政府都将数字经济作为发展的重点对象，并出台了一系列推动数字经济发展的政策法规和相关举措（表8.1）。各类前瞻性的政策措施使美国成为数字革命的重要发源地，得以率先提出数字地球、人工智能、电子政务、电子商务、大数据、云计算、共享经济、工业互联网等数字经济先进概念，保证了美国数字经济发展的领先地位。①

表8.1　美国政府出台的数字经济相关政策

时间	政策（法案、命令）名称	主要内容
奥巴马政府	联邦云计算战略（2009.9）	现代化政府的IT基础设施并帮助机构减少开支。
	联接美国：国家宽带计划（2010.3）	提升宽带服务普及率，推动宽带在公共服务领域的应用，推动美国移动创新能力。
	大数据研究与发展计划（2016.3）	改进公民从海量数据中获取知识的能力，提高美国科学工程领域的发明速度，增强国家安全。
	联邦大数据研究与发展战略规划（2016.5）	构建数据驱动战略体系，激发联邦机构与国家的新潜能，加速科学发现和创新进程，培育21世纪的新一代科学家和工程师，促进经济增长。
	国家人工智能研发战略计划（2016.10）	对人工智能进行长期投资，开发用于人工智能培训及测试的公共数据集和环境，制定标准以测量和评估人工智能技术。
	数据中心优化计划（2016）	优化现有数据中心设施，发现节约成本的措施，并通过整合和重组等各种途径减少任何低效率。

① 闫德利、高晓雨：《美国数字经济战略举措和政策体系解读》，《中国信息化》2018年第9期。

（续表）

时间	政策（法案、命令）名称	主要内容
特朗普政府	《美国重建基础设施立法纲要》（2018.2）	对现代交通、新能源、5G 通信基站、智能电网、宽带网络和大数据等领域进行重点投资。
	维护美国人工智能领导地位的行政命令（2019.2）	大幅提高美国在人工智能和量子信息科学领域的研发支出，强化关键技术领域的国际竞争。
	《美国保护 5G 安全国家战略》（2020.3）	简化 5G 基础设施部署审批流程，更新法规以促进 5G 的部署，促进研究、开发、测试和评估新技术的体系结构，推动 5G 及更高版本先进技术的发展。
	《数字战略（2020—2024）》（2020.5）	建立数字伙伴关系，通过数字技术加强对外援助。
拜登政府	总金额 1.2 万亿美元的跨党派基础设施投资法案（2021.11）	升级电网，扩大宽带互联网接入。

资料来源：世界互联网大会，中国电子科学研究院。

二、美国制造业服务化发展概况

先进服务业是美国发展制造业服务化的坚实基础。20 世纪 90 年代开始美国服务业增加值占国内生产总值比重超过 50%，且这一比重不断升高，至今已超过 80%。李子文（2020）指出美国政府始终积极支持本国跨国制造企业发展“产品 + 服务”的高附加值业务，将核心制造业务外包给技术和资本比较落后的发展中国家的企业，发展反向服务外包，推动本国企业向价值链两端延伸。① 在这

① 李子文：《发达国家推动制造业和服务业融合发展的政策实践及启示》，《中国经贸导刊》2020 年第 18 期。

一背景下，诸多美国制造业强企开始推进服务化转型。以卡特彼勒公司为例，其遍布全球数千个网点的租赁系统能够向建筑行业提供短期和长期的设备租赁服务，旗下的物流服务公司为企业、工业、电子产品等诸多行业内的企业提供世界级的供应链整合解决方案和服务，其融资服务公司则向客户提供多种融资方案。[①] 服务化转型使得卡特彼勒公司营业利润超过 50% 来源于服务业务，有效地抵消了工程机械行业的周期性特征。

同时，美国政府从建立市场秩序、相关人才培养、产学研一体等多个领域为制造业服务化转型提供环境。市场秩序方面，政府建立营运模式共创与知识交流的平台，向企业推广制造业服务化模式，如美国环保署联合诸多大型化学品制造商，进行制度建立、案例分析、实际参与执行等方面的实验性经营活动。[②] 相关人才培养方面，美国政府重视制造业服务化相关人才培养，2016 年美国教育部与美国教育研究协会联合发布了《STEM 2026》报告，对未来十年美国 STEM 教育提出展望；2018 年白宫发布了 STEM 教育的新五年战略计划“北极星计划”，注重对科技工程领域创新型人才的培养。同时，美国政府通过产学研一体的方式推动制造业服务化的相关研究，如美国环保署委托泰勒斯研究所执行产品服务化的研究分析，以实

① 唐文龙、卡特彼勒：《机械制造巨头的服务转型》，《销售与市场（管理版）》2010 年第 4 期。

② 王厚双、盛新宇：《中日制造业服务化水平测度及其特征研究》，《现代日本经济》2020 年第 3 期。

证资料弥补文献研究的不足；又如美国环保署资助硅谷开展区域性实验研究计划，构建了推进制造业服务化的支持网络。①

三、工业互联网联盟的兴衰：基础理论的探索

2012 年通用电气（GE）发布了《工业互联网：打破智慧与机器的边界》报告，首次提出工业互联网的概念。工业互联网通过工业互联网平台将设备、生产线、工厂、供应商、产品和客户紧密地连接融合起来，实现跨设备、跨系统、跨厂区、跨地区的互联互通，从而提高效率，推动整个制造服务体系智能化。②

自工业互联网概念提出以来，美国工业互联网联盟这一行业组织在推动制造业与服务业深度融合的过程中发挥了重要作用，在工业互联网相关体系架构研究、应用案例征集、测试床建设以及商业部署支撑能力建设等方面做出巨大贡献。2014 年 3 月，通用电气联合 AT&T、思科、IBM 和英特尔发起了美国工业互联网联盟（Industrial Internet Consortium），该组织致力于构建涵盖工业界、ICT 界和其他相关方的产业生态，推动传感、连接、大数据分析等在工业领域的深度应用。③2015 年 6 月该联盟成员已扩展到 170 家，

① 顾强、徐鑫：《国外政府推进制造业服务化的主要做法及对我国工业转型升级的启示》，《电器工业》2012 年第 11 期。

② 摘自中华人民共和国中央人民政府网：http：//www.gov.cn/xinwen/2019-03/19/content_5374897.htm？_zbs_baidu_bk。

③ 李海花、王欣怡：《美国工业互联网联盟（IIC）最新动态》，《电信网技术》2016 年第 8 期。

包括微软、惠普、日立、华为等技术创新者，市场领导者、大学，政府部门，跨国企业等。然而随着后续通用电气公司自身财务的恶化，美国工业互联网联盟发展开始逐渐衰落。至2021年7月，通用电气等五个创始人全部退出美国工业互联网联盟，美国工业互联网联盟则更名为美国工业物联网联盟，彻底转向物联网领域的研究。

工业4.0研究院院长胡权指出，美国工业互联网最终趋于衰落的根本原因在于缺乏理论研究，一味选择“摸着石头过河”，导致风险无法有效降低，为我国工业互联网发展提供了经验教训。

第二节　日本的探索与实践

一、日本数字经济发展概况

新世纪伊始，日本数字经济发展相对滞后，在信息通信设备的普及情况、信息化技术水平等方面与美欧发达国家存在较大差距，日本国内各地区信息化发展同样存在较大差距。[①] 为推动日本数字经济发展、实现“IT立国”的长远目标，日本于2000年7月成立了“信息通信技术战略总部”，制定了“IT基本战略”，并决定于2001年开始实施《IT基本法》，提出振兴日本互联网及信息产业发

① 刘昌黎：《日本政府推进信息化发展的政策措施》，《日本学论坛》2008年第2期。

展的 e-Japan 计划。

e-Japan 计划实施后仅一年时间，根据日本经济产业省、电子商务推进协会与 NTT 数字经营研究所共同发表的 2001 年日本电子商务调查报告显示，2001 年日本电子商务 BtoB 的市场规模比前年增长了 58%，达到了 34 兆日元；u-Japan 大大促进了国民对 ICT 的利用，宽带、移动通信、广播电视等信息技术的普及率与结构实现大幅提升；同时推动了物联网的研究与电子政府的建设。后续在金融冲击下制定的 i-Japan 战略进一步在电子政府、医疗健康、教育领域做出进一步规划。

2012 年第二届安倍内阁组建以来，每年发布的《科学技术创新综合战略》成为日本科技创新发展的重要指导，2020 年提出的《科学技术创新综合战略 2020》在新冠肺炎疫情暴发和世界各国创新方面竞争日趋激烈的背景下，进一步制定了构建数字创新环境方面的相关策略。

表 8.2　日本推动数字经济发展的部分战略 / 政策

时间	战略 / 政策	主要目标
2001	“e-Japan”	建立超高速网络系统，实现至少 3000 万用户加入高速互联网；完善电子商务交易规则，营造电子商务交易环境；建设电子政府，促进行政信息的网上公开和利用；加强高层次 IT 专门人才的培养与招聘。
2004	“u-Japan”	至 2010 年，所有国民接入高速或超高速网络；推动 ICT 的高级利用；制定保证 ICT 安全与防护的策略；推动日本信息化的国际化。

（续表）

时间	战略 / 政策	主要目标
2009	“i-Japan”	推动基于数字技术的新行政改革；利用信息技术解决由医疗资源匮乏与分配不均带来的各种问题，提升医疗质量；教育和培养信息技术方面的相关人才。
2015	《科技白皮书 2015》	利用大数据实现保健医疗服务供给与灾害应对；利用超级计算机进行药物开发；进行教育改革，培养未来科学技术创新型人才。
2017	《科学技术创新综合战略 2017》	围绕超级智能社会 5.0 的实现制定具体举措，重点培育：（1）人工智能、物联网、大数据等网络空间基础技术；（2）机器人等物理空间基础技术；（3）防灾减灾技术、基础设施维护管理技术。
2018	《综合创新战略》	创立产学官一体的“大学改革支援产学官协议会”，推动理工科、IT 相关学科的人才教育；通过政府事业促进创新；以数据信息共享基础设施促进农业发展，推广数字农业技术；加强环境能源领域的数据共享基础设施建设。
2020	《科学技术创新综合战略 2020》	加强数字基础建设，包括 5G、半导体制造，制定知识产权标准化路线图；加强各领域的数据协作，扩大、规范数据流通市场；扩充学术信息网络，建立研究数据基础和数据库。
2020	《实现数字社会改革基本方针》	设立“数字厅”，其目的在于：（1）推动国家信息系统管理；（2）建设地方信息管理平台；（3）加强个人编号制度建设，加速个人编号的普及使用；（4）提高日本社会数字化水平；（5）提升数据使用效率。①

经过二十多年的努力，日本数字经济得到了一定发展，中国信息通信研究院 2021 年发布的《全球数字经济白皮书——疫情冲击下的复苏新曙光》显示，2020 年日本数字经济规模达到 2.48 万亿美元，仅次于美国、中国、德国，位列全球第四。但在总量之外，日本数字经济具体发展情况却仍处于相对滞后的状态。2021 年，瑞士洛桑

① 田正：《日本数字经济发展动因与趋势分析》，《东北亚学刊》2022 年第 2 期。

国际管理发展学院（IMD）发布的2021年《世界数字竞争力排名》显示日本的数字竞争力在64个国家和地区中排名28位，是2017年这一调查启动以来的最低排名。

表8.3 数字竞争力排名

时间	中国大陆	美国	韩国	日本
2017	31	3	19	27
2018	30	1	14	22
2019	22	1	10	23
2020	16	1	8	27
2021	15	1	12	28

IMD东北亚代表高津尚志在接受日本经济新闻采访时指出，日本数字竞争力排名不理想的原因主要在于影响排名的几个次级指标排名交叉，如反映企业接受客户和员工反馈的“商业敏捷性”排名53位，“人才”与“监管框架”两项指标分别排名47位、48位。日本在IMD的数字竞争力排名中名次表现较差绝非偶然，欧洲数字竞争力中心的《2021年数字崛起者报告》同样显示，日本数字竞争力在7国集团和G20集团中表现垫底。

虽然日本数字经济发展也偶有亮点，如2020年6月“富岳”超级计算机运算速度排名登顶世界第一，但总体来看日本数字经济发展仍较为滞后，这一停滞现象表现在社会生活的方方面面。如2019年《日本经济新闻》报道称日本社会仍有大量配备Windows95老式操作系统的电脑正在投入使用，老旧电脑的使用进一步导致了日本企业引进物联网的进程缓慢，仅有16.6%的制造企业同时引进了物联网与人工智能；又如《日本经济新闻》2021 年 2 月报道称山形银行、广岛银行等地方银行仍在使用 3.5 英寸软盘。

二、日本制造业服务化发展概况

近年来日本制造业面临多方面的压力。第一，日本国内少子化、老龄化严重，导致制造业劳动力供给不足；第二，中国等新兴经济体快速崛起，日本制造业感受到了巨大竞争压力；第三，虽然日本持续施策促进数字经济发展，但成效不尽如人意，未能有效推动先进制造业发展。实际上日本早在 2006 年公布的《新经济成长战略》中就指出以高科技支持服务业发展，推动服务业成为制造业之外的另一个增长引擎；2008 年发布的《制造业、信息业、服务业产业政策》则提出发展以提升制造业竞争力为中心的“事业充实型服务业”。

随着日本数字经济的发展，数字经济愈发成为制造业升级转型的重要动力。2017 年 3 月，日本首相安倍晋三在德国汉诺威召开的信息通讯展览会 CeBIT 上首次提出“互联工业”的概念，其核心在于：（1）建立人、设备和系统相互交互的新型数字社会；（2）通过合作与协调解决工业新挑战；（3）推动培养数字技术发展的高级人才。从而进一步积极推动人工智能、物联网、云计算等科技手段应用到生产制造领域，提高制造业产品附加值与竞争力。同时，王厚双和盛新宇（2020）指出日本政府为创造制造业企业服务化转型的环境，通过组建行业协会加强管理制造服务业市场，通过制定相关法规和专业资格认证程序保障服务运作的规范化进程。

三、日本制造业企业服务化转型案例：小松

小松制作所（Komatsu）成立于1921年，主营业务为工程器械制造。2001年小松研发的康查士（Komtrax）车辆信息管理系统投入使用，其目的在于实时监测机械所在位置、发动机运行状况等工作信息；2003年小松推出VHMS机器健康诊断系统，及时提供大型车辆的故障信息；2008年小松的AHS矿用卡车无人驾驶系统在智利和澳大利亚实现商业化运用，有效促进了搬运成本，延长了车辆轮胎的使用寿命，提高了矿山作业的安全性和生产效率；2013年小松提出智能施工（Smart construction）解决方案，通过云服务连接人和设备，辅助施工作业，从而实现施工方案的优化；2021年小松再次对康查士系统进行升级，配备了能在手机端操作的App。

小松建立产品领先优势的过程分为产品、服务、信息三步走，产品的性能优势只是建立“绝对优势”的第一阶段，进而还要实现服务和信息的优势建立。小松董事会主席坂根正弘认为依托于数字化的服务化才能使公司保持长久的竞争力，可见的产品和服务方面的优势总会被竞争对手追赶，但数据运用方面的优势则很难被赶超。

小松开发康查士的过程并非一帆风顺。21世纪初，由于美国IT泡沫破裂与日本市场萎缩，小松陷入了严重的经营危机。为承担康查士系统的额外成本，小松启动了大规模业务重组改革，两年内将300家子公司减少至110家，同时2003年成立KCCA融资公司强化融资能力。2021年小松已占据全球工程机械市场超过10%的竞争份额，全球超过60万台小松的设备配置了康查士系统，取得了商业上

的巨大成功。

第三节　韩国的探索与实践

一、韩国数字经济发展概况

2020年韩国数字经济规模达到8478亿美元，位居世界第七；数字经济在国民经济中的占比超过50%，仅次于德国、英国、美国。数字竞争力方面，IMD的评估报告中韩国自2017年至2021年排名迅速上升，2021年数字竞争力首次跻身前十。

韩国数字经济得以快速发展的原因之一在于政府的高度重视，2020年韩国文在寅政府出台了《韩版新政综合规划》，对数字经济、绿色经济以及包容性社会建设的路线作出了具体规划。其中，新政中数字经济发展路线包括：（1）加强D.N.A数字生态系统建设，即D（Data）大数据、N（Network）5G网络、A（AI）人工智能；（2）实现从小学到大学和社会培训机构教育基础设施的数字化转型；（3）为应对疫情，在医疗、工作、商务等民生相关领域建设非接触型基础设施，从而进一步发展非接触性产业；（4）推动国家基础设施数字化转型。针对这一行动规划，韩国政府计划于2020—2025年累计投入160万亿韩元，创造190万个就业岗位。①

---

① 陈奕彤、张丽娟：《“后疫情时代”韩国国家新政及启示》，《全球科技经济瞭望》2021年第2期。

2021 年 7 月，韩国推出“数字新政 2.0”，在 1.0 版本的基础上进一步强调了数字化投资，促进网络连接虚拟平台、区块链和计算技术的发展。同时，“数字新政 2.0”重点打造“数据大坝”项目，计划在 2025 年前，在“数据大坝”中打造 1300 余个支持 AI 学习功能的数据库和 31 个不同种类的大数据平台。

表 8.4 “数字大坝”项目内容

项目名称	项 目 内 容
用于人工智能训练的数据积累	积累数据以开展大规模的人工智能训练，支持人工智能服务的开发，开拓大量工作机会，涉及海量数据的收集、处理、精炼和质量验证等过程。
人工智能消费券	向各个领域的中小型企业和风险公司提供“人工智能消费券”（每家公司最多 3 亿韩元），鼓励其在产品和服务中引入人工智能，以提高生产力和竞争力。
支持人工智能数据处理	将中小企业和初创企业拥有的数据转换为人工智能训练数据；支持数据处理以及创新性人工智能服务的开发。
人工智能融合	支持利用在各个领域收集和积累的数据，进行人工智能安全训练以及人工智能开发和应用，为升级算法铺平了道路，并为人工智能公司提供了早期商业机会，同时促进全面创新。
云旗舰	选择那些需要确保连续性和竞争力的工业领域，支持其开发集成云服务平台和服务。
云消费券	推动中小企业的数字化转型，采用基于云的工作环境，全面降低云咨询和使用的成本，改善管理环境并确保无接触场景下的业务连续性。
建立大数据平台	通过生产高质量数据来创新韩国的数据生态系统并提高公司的竞争力；建设 5 个平台和 50 个中心，以收集和分析关键领域的数据。

资料来源：澎湃新闻。①

① https：//www.thepaper.cn/newsDetail_forward_16885035.

于晓和叶申南（2021）指出，韩国数字经济政策的特点有二：第一，监管标准全面且严格，数据跨境流动和网络安全管理限制较多，韩国2020年实行的《信用信息的使用和保护法案》根据数字经济时代需要，实现了征信立法的跟进；第二则在于积极与美欧开展双边数字合作，通过自贸协议和标准互认积极对标美欧标准。①

二、韩国推动制造业服务化的相关举措

2019年6月，韩国科学技术信息通信部发布《制造业复兴发展战略蓝图》，强调促进制造业与服务业融合发展，提高产品附加值；通过监管沙盒、监管特区等制度加速融合型产品和服务的创造。韩国政府长久以来对制造业的政策扶持为制造业的服务化转型创造了有利条件。

第一，政府为制造业提供长期融资优惠政策。1973年韩国政府制定了《国家投资资金法》，为钢铁、造船等行业提供优惠利率政策；1987年和1992年韩国政府制定“机械零件和材料国产化”的第一个和第二个五年计划，对于汽车、造船等行业实行税收扶持政策。为制造业转型升级与科研创新提供了长期的资金支持。政策金融与一般银行、产业银行和进出口银行的新增贷款额的比重平均超过50%，1983年甚至超过100%。② 第二，以税收优惠政策推动制造业

① 于晓、叶申南：《欧日韩数字经济政策、发展趋势及中国策略》，《财政科学》2021年第6期。

② 郭怀英：《韩国生产性服务业促进制造业结构升级研究》，《宏观经济研究》2008年第2期。

技术创新。2016年韩国政府重新修订了《税收修正法案》，允许高新技术企业将研发费用的30%抵扣法人税和个人所得税。通过税收津贴促进人力资本积累。20世纪70年代韩国政府推出培训税方案，以培训税建立基金支付企业员工的培训费用；自1995年征收保险税用于工作技能发展项目（JSDP），对企业的培训成本提供津贴，21世纪以来保险税的征收进一步细化[①]。

第四节　德国的探索与实践

一、德国数字经济发展概况

2019年德国数字经济总产值为3460亿欧元，同比增长5.4%。其中，互联网经济总产值为1460亿欧元，同比增长9.3%。但相较于美国、中国、新加坡等国家，德国在数字经济领域的发展相对滞后，面临着人才短缺、基础设施落后等众多挑战。根据欧盟委员会发布的《2021年数字经济与社会指数报告（DESI）》，德国数字经济发展水平位列27国的第11位。就数字经济规模对各产业的影响而言，2021年德国ICT行业在商业经济总产值中的占比为5.3%。1996年至2018年期间，德国ICT投资对整体经济的贡献度

① 张兴祥、邱锦秀：《国外促进培训和技术发展的税收优惠政策——以日本、新加坡、韩国为例》，《涉外税务》2012年第6期。

为 0.1%，其中对加工制造业的贡献度为 0.06%，对机械制造业的贡献度为 0.05%，对汽车制造业的贡献度为 0.1%，对信息通信行业的贡献度和 IT 服务业的贡献度分别为 0.36% 和 0.58%。就数字化重点产业而言，德国信息和通信技术产业（ICT 产业）是德国经济的重要组成部分。根据德国信息产业、电信和新媒体协会的数据，2022 年德国信息与通信技术产业销售额增长了 3.9%，达到了 1784 亿欧元，预计 2022 年将继续增长 3.6%，达到 1849 亿欧元。然而，就产业规模、增长速度和投资力度而言，德国的信息与通信技术产业落后于美国和亚洲新兴国家，在全球市场中并不具备优势。据德国信息产业、电信和新媒体协会预计，2022 年德国在全球 ICT 投资中的份额仅为 3.9%，而美国目前在全球 ICT 产业市场占比 36%，中国占比 11.6%。

德国作为制造业领域的佼佼者，始终坚持制造业立国的理念，并依托其强大的制造业优势，积极推行工业 4.0 政策，以进一步推动以工业为基础的经济发展模式。在这个过程中，数字化作为实现工业 4.0 的基础，必须得到全面推动，以实现制造业的数字化转型，引领新的工业革命。自 2020 年以来，德国在“数字化”议题上的讨论日益深入，高新技术战略不断升级，推动中小企业实现数字化转型，强化人工智能的发展与应用，以及提升数字经济竞争力。为确保在传统工业经济和智能制造领域的先发优势，德国总理默克尔于 2020 年 5 月着重强调了重视数字主权，并减少数字化对外依赖程度。2021 年 1 月，德国发布了《联邦政府数据战略》，旨在充分挖掘数据的潜力，使数据价值化能够有效地应对疫情并稳定经济增长。随后，2021 年 2 月，德国与法国共同制定了新的欧洲工业战略，强

表 8.5　德国出台的数字经济相关政策

时间	战略 / 政策	主要目标
2006	《德国高科技战略（2006—2009）》	重点革新健康、通信与交通、前沿科技等三个领域的科研政策，并提出通过产业集群战略确保德国世界竞争力和技术领先地位。
2010	《数字德国（2015）》	明确要重点支持中小企业开发和利用现代信息通信技术。
2010	《德国 ICT 战略：数字德国 2015》	弥补数字鸿沟，指导德国信息通信技术发展。
2013	“工业 4.0”战略	借助人—机交互传感器、物联网远程管理工业智能机器人，推动工业制造向灵活化、个性化转型。
2014	《数字议程 2014—2017》《新高科技战略—德国创新》	倡导数字化转型推动经济社会发展，以确保德国未来的发展竞争力。建立实践展示中心，支持中小企业数字化发展。
2015	《科技白皮书 2015》	利用大数据实现保健医疗服务供给与灾害应对；利用超级计算机进行药物开发；进行教育改革，培养未来科学技术创新型人才。
2018	《建设数字化战略》	建设数字化能力、数字化基础设施、数字化转型创新、数字化转型社会和现代国家五项行动，将数字技术全面融入未来高科技创新战略中。
2018	《高技术战略 2025》《德国人工智能发展战略》	明确将发展人工智能提高到国家战略高度，计划在 2030 年前投资 30 亿欧元，以确保德国在人工智能科技与应用上的领先优势与竞争力，同时强调人工智能科技与应用的重要责任性与公益福利性，加快人工智能更好地融入人类社会的生产生活中去。
2019	《国家工业战略 2030》	推动传统行业与数字创新技术融合发展，确保德国经济技术的竞争力和工业领先地位。
2021	《联邦政府数据战略》	充分挖掘数据潜力，使数据价值化能够有效应对疫情，稳定经济增长。

资料来源：作者整理。

调了加强工业和数字主权的重要性。为进一步推动德国工业的创新发展，德国不断强化数字经济政策的布局，推动制造业的数字化转型，为打造高端制造强国奠定了坚实的基础。

二、德国推动数字化战略

根据德国交通运输部和国土资源局的数据，截至2020年末，除了主要的大都市区域，德国仅有约20.2%的家庭能够享受快速互联网接入服务，而小镇或乡村地带的光缆网络普及程度十分有限。此外，很多企业在这类远离中心的地区开展业务，因此，他们的日常运营受到慢速网络的影响。另一个严重的问题是，德国科技行业缺乏足够的技术人员支持信息化进程的发展需求。为解决这个问题，政府已经积极实施了一系列有效的应对方案。具体而言，2016年相关部门共同制定颁布了名为“数字战略2025”计划性纲领文件，作为全国范围内实现数字化发展的指导方针。这份政策框架包含了很多方面的内容，包括但不限于基建设施建设及其配套设置的完善、科技创新能力提升、人才培养体系等细节问题。该战略旨在于2025年之前实现全德国覆盖高速网络服务，并使德国成为5G应用的领先市场。

德国政府正致力于构建先进的数字化基础设施，其范围涵盖互联网、物联网、虚拟现实、信息科技及新一代人工智能等领域。政府还推动了数字化设备的普及和应用，鼓励企业采用先进的数字化技术和设备，以提高生产效率和竞争力。德国联邦交通和数字基础设施部已与德国复兴信贷银行展开合作，共同推出“数字基础设施投资贷款”和“德国复兴信贷银行数字基础设施银团贷款”，旨在支持高速光纤网络在全国范围内的长期推广。为进一步推动光纤网络的普及，德国政府于2021年实施了“灰点资助计划”，该计划提供了约120亿欧元的资金，用以承担50%至70%的千兆网络部署成本及100%的咨询规划服务成本。此外，各联邦州也承担了部分千兆网络的部署成本。所有下载带宽低于100兆比特/秒的政府部门、学校、医院、中小企业、交通枢纽等机构均可无门槛申请此项资助。在创新和数字化转型方面，德国政府积极鼓励企业进行数字化转型和创新，推动新技术和新模式的研发和应用。为促进数字化经济的发展，政府为企业开展数字化研发项目提供了资金和技术支持。①

三、德国推动制造业服务化发展举措

德国制造业服务化的背景可以追溯到20世纪70年代。当时，德国面临着传统制造业衰退的困境，但同时也看到了服务业发展所带来的机遇。德国已开始努力推动制造商与服务业的整合，旨在保持其在全球制造业的领先地位，并促进制造商向公共服务化方向转型。德国制造业服务化的突出特点是数字化和智能化转型，主要有

① 《德国政府推动数字化战略》，《人民日报》2022年8月15日。

以下三个方面的举措：

一是建立大中小企业数字化协同创新的智能制造网络。为激发企业科技创新及业务模式创新，德意志联邦共和国创建了一系列专项基金，如高科技创业基金、数字化转型基金等；同时，还积极引导制造业向智能化、环保型和服务化的方向转型。自2016年起至今，德国政府制定了支持公司从事数字产业投资和创新的监管框架，旨在促进其对信息技术的投入并激发新的创意想法。主要目标是通过提高互联网应用水平，实现新型商务策略的发展，并进一步推广先进的技术装备到工厂中，以构建出更具效率且互通性的工作环境，这有助于传统的工业实体重新定义其产业链结构。① 其次，德国政府实施了有针对性的中小企业创新促进计划（ZIM）项目，旨在激发市场竞争活力，增强中小企业的科研创新、管理与合作能力，以更快地将科技成果应用到市场上。此外，INNO-WATT项目②、企业资源计划（ERP）项目等也被应用于一些经济实力较弱但科技实力较强的企业中。这些项目的实施有助于提升德国中小企业的竞争力，

---

① 裘莹、郭周明：《数字经济推进我国中小企业价值链攀升的机制与政策研究》，《国际贸易》2019年第11期。

② INNO-WATT是德国联邦经济和能源部（BMWi）推出的一个项目。它的来源是德语单词“Innovation”和“Watt”。其中“Innovation”表示创新，“Watt”则是衡量能量消耗的单位，两者组合在一起表达了项目的主要目标：通过创新技术和服务，提高能源效率，减少能源消耗，促进中小企业在工业可再生能源和能源效率领域的创新发展。

进一步推动德国制造业的转型和发展。

二是借助数字经济和全球化带来的优势开拓国际市场。“智能工厂”“智能物流”以及“智能生产”等核心理念共同构成了第四次产业革命（Industry 4.0）的基础框架。这个框架主张通过构建一种基于数字化的新型制造业方式，为企业发展提供稳定的推动和支持。同时，利用全局性的信息网络技术手段，将这种新的商业模式扩展到全球各地实施和推广，进一步提升其在市场中的竞争力与影响力。在数字经济的大背景下，德国企业积极应用数字技术进行产业结构的升级和创新，同时借助人工智能和全球数字化贸易平台，向全球各地输送高附加值和高技术含量的产品和服务。这不仅提高了价格的可支配性和透明度，降低了交易成本，还促进了产品的国际化流通。

三是依托数字化教育储备制造业发展的人才生力军。在人力资源发展领域，德国政府积极支持高等教育机构与职业技术学院设立与数字科技相关的专业和教学项目，旨在培养具备数字技术能力和理论知识的人才。“数字策略 2025”明确提出，将数字化教育融入公众生活的各个阶段。德国的目标是，至 2025 年，每个学生都应掌握基本的信息科学、计算方法和编写代码等知识。为实现这一目标，德国小学和中学的教育方案及教职员工的持续学习内容都将涵盖这些主题。此外，德国于 2016 年颁布了《面向数字化知识社会的教育行动》，将学生和企业员工的数字化教育作为长期教育改革的重要核心。德国还积极推动必要的数字设施用于教育和培训，并建立了一套适应数字时代的法制框架，以促进德国数字教育的全球发展步伐。根据该策略的实施步骤，德国期望进一步提升教育系统的数字化水平，确保所有中小学和大学教师都能运用最先进的数字科技提高授课技能，同时为学生提供定制的学习计划。

第九章　进一步推进数字经济驱动制造业服务化转型的思路和举措

数字经济以其自身的优势和特点驱动着制造业服务化转型，但当前我们仍面临缺乏顶层设计、驱动力不强、区域间发展不均衡和人才缺口大等诸多深层次问题，未来，我们需要借鉴先进经验，更新推进理念和机制，为数字经济驱动制造业服务化转型提供动力和支撑。

第一节　当前存在的困难瓶颈

从第五章和第六章的实证分析可以看出，我国制造业服务化转型和数字经济发展都较快，也取得了一些成绩。但通过与发达国家的比较及深入研究后会发现，仍存在一些亟待解决的瓶颈问题。

一、存在的困难瓶颈

数字经济驱动制造业服务化转型取得了一些成绩，但仍面临一些瓶颈制约，主要体现在以下几个方面。

1. 数字经济发展优势不突出

从前文的研究中可以看出，我国数字经济发展近些年虽取得了一些成绩，但与国际先进水平相比仍差距较大，表现为看似体量很大，但缺乏亮点和“独门绝学”，导致大而不强，数字经济发展的能级和水平有待进一步提升。

2. 数字经济对制造业服务化转型的推动力有待进一步提升

研究显示我国数字经济对知识与资本密集型服务化水平不具有显著促进作用，而知识与资本密集型服务化正是我国未来制造业发展的重点所在，而且很多企业对数字技术驱动其服务化转型的应用仅停留在办公、服务等非生产环节，而企业生产的关键核心环节对数字经济的利用程度仍然偏低，尤其是中小企业这一比例更低，所以未来数字经济对制造业服务化转型的推动力有待进一步提升。

3. 区域间发展不均衡

我国数字经济驱动制造业服务化转型，各地区发展水平也有较大差距，而且各地区之间没有形成错位发展、相互协同的良好局面。调研中一些企业反映，期待有全国统一的服务化转型扶助平台和更多的转型政策支持。

二、深层次原因

数字经济驱动制造业服务化转型中还面临很多困难瓶颈，究其原因，还存在以下深层次的障碍。

1. 缺乏顶层设计

党的二十大报告中明确提出了要促进数字经济和实体经济的深度融合，但就数字经济驱动制造业服务化转型升级方面，还缺少具体落地的政策细则，如如何加快工业服务化转型软件的突破、服务化转型平台的整合、数字经济驱动制造业服务化转型标杆企业的培育等。

2. 内在驱动力不足

一方面，由于信息技术的初始投入和追加投资成本比较高且回报周期较长，很多制造业企业均反映利用数字技术进行服务化转型的意愿不强，尤其是缺乏政策的引导和支持时，宁愿墨守成规。另一方面，企业利用数字技术进行服务化转型时，由于缺乏统一的数字平台和技术标准，导致企业间很多数据信息不能方便地进行交换和合作，也降低了企业利用数字经济驱动服务化转型的意愿。

3. 治理能力和监管水平有待提升

数字经济驱动制造业服务化转型，线上和线下的问题交织在一起，市场运行中各种乱象层出不穷，现行的条块分割的管理体制和侧重事后监管的管理方式与传统经济和新兴经济融合发展的态势不相适应，如何处理各相关部门的权责问题并形成相互补充互不冲突的监管方式，需要进一步思考。

4. 人才缺口大

数字经济是新兴产业，制造业服务化转型也是近些年传统产业发展的新形态，两件新兴事物的融合则产生了更多的新问题和新知识，具备这些知识的复合型人才成为决定未来数字经济驱动制造业服务化转型发展好坏的关键。而当下这一人才缺口还较大，因此要在人才引进和本土培养双重手段上共同发力。

数字经济的风险约束效应实证结果显示，数字经济发展水平对不良贷款率具有显著的负向影响，意味着数字经济发展水平的提升能够有效抑制商业银行的不良贷款率。

第二节　进一步推进的总体思路和指导原则

为进一步推进数字经济驱动制造业服务化转型，我们需要进一步厘清未来推进的总体思路和指导原则，推动数字经济驱动制造业服务化转型向更深、更广和更高层次发展。

一、总体思路

数字经济驱动制造业服务化转型成功与否，取决于数字经济的发展水平、制造业服务化转型程度和二者的融合关系。因此，在推进数字经济驱动制造业服务化转型时，应当从以下三方面展开。

1. 提升数字经济发展水平

数字经济发展水平，将直接影响数字经济驱动制造业服务化转型的能力，数字经济起步早、基础好和应用广的地区，数字经济对产业转型的影响力和拉动力更强。因此，要高度重视数字经济，下更大的决心在数字经济领域抢占制高点，充分释放数字要素价值，为数字经济发展提供优质环境。

2. 加速制造业服务化转型

制造业服务化转型是制造业扩展赛道、提升产业能级和综合竞争力的关键一环，当前正处于加速发展阶段，因此，要优化制造业服务化转型的市场环境，站在企业生存和长远发展的角度为其提供转型帮助，彻底改变在价值链低端高能耗、高污染、大量浪费的传统制造模式，优化制造业服务化转型的流程，提高转型成功率。

3. 促进二者融合

数字经济对制造业服务化转型的渗透和融合，随着产业发展会自然发生，但在二者融合的前期，政府的引导和支持对加速二者融合，尤其是健康、快速的融合具有重要作用。因此，在高度重视数字经济与实体经济融合的同时，要进一步加大数字经济对制造业服务化转型的推动，推进产业发展向数字经济、服务经济方向迈进，构建更加完善、开放的产业互联网生态体系。

二、指导原则

推进数字经济驱动制造业服务化转型，需要遵循理念创新、制度完善、机制创新、技术更新等原则。

1. 理念创新

数字经济是一种新事物，制造业服务化转型也是在摸索中前进，二者在发展过程中必然存在一些“野蛮生长”和“歪曲转型”的特性，因此我们一方面要创造有利于数字经济加速驱动制造业服务化转型的外部环境，另一方面也要破除二者在驱动时带来的消极外部性。这就需要以新发展理念为指导，促进数字经济驱动制造业服务化转型。

坚持创新发展理念，加速数字经济发展的核心技术瓶颈突破。当前，世界各国在数字经济领域都在加紧布局，争夺数字经济未来发展的战略要地，核心技术和底层技术能否突破将直接决定了未来产业发展的高度，因此要紧紧抓住创新这一产业发展的第一驱动力，使数字技术可以为制造业服务化转型提供平台和支撑。

坚持协调发展理念，实现数字经济驱动制造业服务化转型的协调发展。例如目前，我国各地区数字经济发展差距明显，制造业服务化转型所处阶段也有所不同，因此要促进区域间数字经济基础设施的互联互通与共享，加速跨区域制造业服务化转型平台的建立；再如产业政策与监管体系的协调，找到促进产业快速发展与规范产业健康发展之间的平衡点。

坚持绿色发展理念，改变传统制造业发展模式。传统的制造业发展具有高污染、高能耗的特点，数字经济推动其向服务化转型，使很多生产交易在线完成，很多产品通过共享服务实现资源的节约和利用效率的提升，符合绿色发展理念，但与此同时，我们也要警惕数字经济驱动制造业服务化转型过程中带来的新问题，如电子垃圾的处理，共享产品的维护和保养。

坚持开放发展理念，运用数字技术搭建制造业服务化转型平台。企业在服务化转型过程中，往往面临着服务系统的搭建和使用，如果每家企业都独立搭建并封闭使用自己的服务系统，不仅造成大量的社会资源的浪费，还不利于企业间的交流和合作。如果以开放的姿态，由行业领头羊企业或政府搭建统一标准的数字化共享资源平台，那么企业间的产品和服务的兼容性和互用性会大大提升，最终实现整个行业整体竞争力的提高，在此过程中，企业也可以实现价值最大化，而不是控制能力最大化。

坚持共享发展理念，缩小数字经济驱动制造业服务化转型过程中的“区域鸿沟”。未来需要在数字经济驱动制造业服务化转型中提早进行顶层设计，对不同区域采取不同政策，对数字经济起步晚、制造业服务化转型能力差的地区给予技能培训、税收优惠等援助措施，同时发挥二次分配的调节作用，避免新一轮产业发展中的区域鸿沟。

2. 制度完善

数字经济驱动制造业服务化转型，是基于复杂产品系统创新、服务模式创新和商业模式创新的集合，在这一过程中，企业需要汇集大量的知识、技术、人才等创新资源，政府应在创新要素投入、资源整合、创新服务载体和平台建设、创新环境营造等方面给予制度支持。

首先要加速两化融合向纵深推进。大力发展基于互联网和信息技术的生产性服务业，如在线监测、远程诊断和维修、数字在线设计、供应链管理等，同时促进制造业利用数字技术与生产性服务业企业进行业务融合或资源整合。

其次要抓住重点行业率先突破。鼓励装备制造业企业充分运用人工智能、5G通信等数字经济技术拓展在线技术支持、远程诊断、维修、保养维护等服务；鼓励汽车企业依托GPS定位系统和5G技术进行定位导航、远程援助等安全服务；支持节能环保企业运用大数据和云计算进行工程管理、设备维护等环保总集成和总承包；支持各类制造业企业进行融资租赁、仓储物流、电子商务等优化交易流程和方式的服务，不断提高制造业企业在产品设计、研发、信息服务、维护保养等投入的比重。

最后要加强信息安全保护。数字经济促进制造业服务化转型中，大量数字信息成为企业的关键要素和价值所在，因此加强信息安全保护才能让企业吃上一颗定心丸，鼓励企业进行数字技术和专利的建设和突破。

3. 机制创新

推进数字经济驱动制造业服务化转型，关键是要机制创新，包括差异推进机制、平台搭建机制、人才培养机制、风险管控机制和服务数据价值化治理机制等，这部分将在下一节专门展开，这里不再赘述。

4. 技术更新

首先要加强连接设施建设，如移动互联网、工业互联网、物联网等，其次要加强数据设施建设，如传感器、智能设备、服务软件等，再次要加强算力设施建设，如建设云计算中心、边缘计算中心、超算中心等，最后要加强生产设施的数字化转型，如数字加工中心、机器人、3D 打印等。

第三节　具体机制和路径

推进数字经济驱动制造业服务化转型，要充分发挥数字技术在连接、数据、运算、算力等方面的优势，大力发展基于数据的服务，推动制造业服务化向产业链更高端的方向迈进。

一、机制建设

推进数字经济驱动制造业服务化转型，要注重以下机制的建设。

1. 差异推进机制

这里的差异推进机制，主要包括以下两个方面：一方面是地区差异推进，我国在数字化发展和制造业服务化转型方面各地区水平差异较大，数字经济推进制造业服务化转型程度也有所不同，如数字经济和制造业基础较好地区可大力发展数字经济推进资本与知识密集型制造业服务化，相对落后的地区则应在数字经济推进劳动密集型制造业服务化方面努力；另一方面是所有制差异推进，由于数字化转型前期投入大、转型风险高，对于制造业发展基础好、数字化程度高的国有企业可以率先尝试融合转型，即使转型失败，其抗风险能力也相对较强，而弱小的民营企业可采取跟随战略，向行业领先企业采购而非自己搭建服务化平台。

2. 平台搭建机制

数字经济驱动制造业服务化转型，重点要搭建以下三类平台：一是数字经济发展平台，如行业代码平台、数据平台、物联网平台等；二是制造业服务化转型的平台，如企业的客户关系管理平台，产品生命周期管理平台、仓储管理系统、生产过程管理系统等；三是数字经济推动制造业服务化转型的平台，如企业的产品远程服务平台、软件化智能服务平台、个性化定制服务平台、个性化使用辅助与建议平台等。

3. 人才培养机制

产业竞争归根结底是人才的竞争，但目前我们在数字经济推进制造业服务化转型方面的高素质人才还很缺乏，尤其是既有制造业背景，也能利用现代数字化技术针对客户个性化需求开展服务和商业模式创新的复合型人才更是稀缺。因此应建设高端复合人才的培养和引进机制，在高校和职业技术学校开设相关专业和课程，对制造业企业核心人才进行专业培训，同时注重引进人才工作生活的相关保障工作。

4. 风险管控机制

数字经济推进制造业服务化转型过程中，有可能有曲折、反复，甚至失败，为提升数字经济推进制造业服务化转型的成功率，降低风险，应建立相关的风险管控机制。一方面鼓励企业建设自己的风险控制管理系统，如云计算、大数据等的新基建新技术安全，客户服务、产品设计、市场营销等的数字化业务安全，以及安全服务接口、安全服务考核等数字安全服务；另一方面，要加强政府监督和引导，为企业提供良好的市场环境和生态，如为企业搭建行业数据平台，免费的安全转型讲座培训等。

5. 服务数据价值化治理

服务数据已成为数字经济推动下制造业服务化转型后的重要资源，对企业而言价值重大甚至是核心机密，因此要将服务数据价值作为产业发展的关键进行治理，如建设服务基础数据交流共享平台、加强服务数据安全保障等。

二、具体路径

推进数字经济驱动制造业服务化转型不是一蹴而就的，需要有久久为功的韧性，脚踏实地地加强数字经济基础设施建设和数字技术尖端突破，为制造业企业服务化转型扫清障碍，促进二者融合渗透。

1. 建设数字经济驱动制造业服务化转型示范企业库

当前，我国数字经济发展很快，但工业互联网技术与发达国家相比还是相对滞后，很多中小制造业企业，在面对数字经济驱动服务化转型时仍然很茫然。因此我们要大力实施培优扶强的专项行动，推动各地遴选一批数字经济驱动制造业服务化转型较为成功的示范性企业，建立“数字经济驱动制造业服务化转型示范企业库”，进行跟踪服务、案例剖析和经验汇集，对它们可复制可推广的经验进行宣传和展示。

2. 为企业转型提供资金和技术平台支持

制造业企业在利用数字技术加速服务化转型时，往往在突破卡脖子的关键技术时，需要大量的资金投入和技术支持，应设立专项的资金为企业服务化转型提供帮助，通过专项资金以奖励补贴、退税等方式提升企业转型积极性。同时优化企业融资渠道，提高资产的证券化率和直接融资比重。在技术方面，政府可引导行业龙头企业搭建行业服务化转型数字平台，帮助行业内的中小企业顺利转型。

3. 优化监管方式，鼓励支持创新

创新是发展的第一动力，面对数字经济和制造业服务化转型带来的新业态、新模式，在监管方面要避免简单化的一刀切，要提升监管人员和各级干部的专业水平，在发展中逐步规范，让监管变成帮助，而不是扼杀。

4. 推进人才培育和引进，加快发展相关职业教育

目前，具有制造业知识背景同时又了解数字经济的复合型人才十分缺乏，高校的人才培养模式以及课程设计仍无法满足制造业服务化转型的需求。因此，加快发展相关职业教育势在必行，加快培育兼具数字经济和生产性服务业知识储备的人才。

5. 加大新基建的投入，为企业转型提供底层支持

加强数字技术对实体经济的渗透和融合，夯实产业数字化转型

底座，通过加大新基建的投入和支持，如光纤、5G，加快布局高速、移动、安全和泛在的高精尖信息基础设施，建设全天候、实时感知的数字智能化治理体系，为制造业服务化转型提供数字支撑，降低数字经济风险，系统推进数字经济与制造业的深度融合和服务化转型创新。

6. 加快数据标准建设，完善相关法律法规

要加快相关技术和数据标准的建设，使数字经济健康、规范发展，在国际竞争中抢占数据标准高地，同时完善相关法律法规，使企业在服务化转型时有规范可遵循。

结 语

数字经济是未来经济发展的主要形态，也是世界各国竞争的重要方面，制造业服务化转型是产业升级的重要途径。数字经济驱动制造业服务化转型是一个复杂而深刻的议题，可研究的内容很多且重要，我们的研究取得了一定的成果，但仍有很多值得深入探索的方面，以待后续进一步研究。

制造业服务化内涵可以从产品、企业和产业三个维度来阐释。产品维度其本质是通过产品链的延伸、扩展和提升实现产品多样化和层级的提升，制造业服务化对制造业企业产品链的影响表现在三个方面：通过产品链的延伸和扩展，可以扩大原有产品市场占有率；通过产品链层级的提升，可以增加产品利润；通过产品链渗透性的增强，可以增加客户黏性。企业维度其本质是制造业产业价值链的延伸和扩展，制造业服务化对制造业企业价值链的影响主要包括三个方面：向原有价值链上下游延伸；向相关联价值链横向拓展；通过模块化建立价值网络。产业维度其本质是二三产的产业融合，制造业服务化转型会对制造业带来以下三个方面的影响：产业结构变革，产业组织方式变革，产业空间布局的变革。

制造业服务化可以划分为三个阶段：辅助服务化阶段、专业服务化阶段和系统服务化阶段。辅助服务化阶段，是制造业服务化的最初阶段，从产品维度来看，该阶段制造企业从单纯提供产品向提供服务转型，但该阶段的服务大多是依托于原有产品，提供的服务产品范围很广但专业性并不强，服务内容、形式也较为松散，主要功能和目的是对原有产品的功能进行强化和升级。从企业维度来看，在辅助服务化阶段，企业原有的制造价值链中，部分服务要素开始从制造业产业链中剥离独立或从无到有开始萌生，形成独立的服务价值模块，但企业仍以制造价值链为主，服务价值模块依附于制造价值链实现价值增值。从产业维度来看，制造业辅助服务化发展阶段会推动产业发展阶段跃迁。

当制造业服务化进一步升级，便进入专业服务化阶段。从产品维度来看，该阶段企业提供的服务已不单纯是原有产品功能的支持、延伸或额外附加价值的转让，企业提供的产品服务开始呈现专业化、规模化特点。从企业维度来看，从辅助服务阶段进入到专业服务阶段，企业中服务价值模块开始逐渐整合成链，形成独立的服务价值链，和制造价值链并行。从产业维度来看，该阶段产业融合加速。

系统服务化阶段，是制造业服务化的高级阶段。从产品维度来看，表现为服务产品化、个性化。从企业维度来看，系统服务化阶段企业服务价值链已发展成为完整产业链条并成为价值主导。从产业维度来看，系统服务化阶段制造业服务化程度很高，对制造业原有产业模式产生颠覆式的影响，产业创新层出不穷。

制造业服务化的机理可以用交易费用理论、价值链理论和产业融合理论进行阐释说明。不同阶段的影响因素不同。辅助服务化阶段，制造业从纯粹的生产制造向与制造相关度高的服务业务扩展，该阶段的重点是服务要素的获取，因此服务要素获取的成本成为制造业辅助服务化发展阶段的主要影响因素。专业服务化阶段，制造业企业中服务部门的重要性逐步突出，企业服务化转型战略开始加速，该阶段的重点是服务要素的嵌入，因此服务要素能否深入、彻底地嵌入企业价值链全流程企业各层级，成为制造业专业服务化发展阶段的主要影响因素。系统服务化阶段，基本的服务化转型已经实现，制造业服务化转型进入高级阶段，该阶段的重点是服务创新，因此能否持续实现服务创新成为企业保持竞争力的关键，也是系统服务化阶段的主要影响因素。

当前，数字成为重要的生产要素之一，以大数据、云计算、工业互联网、物联网等为代表的数字技术对全球经济竞争方式产生了深刻改变。从总量上来看，全球数字经济总量持续扩张，发达国家在数字经济发展方面明显领先于发展中国家，当前全球数字经济发展较快的国家排名前五位的是美、中、德、日、英，从规模来看，这五个国家数字经济总量占全球的近八成。我国互联网经济起步较早也发展较快，总量居全球第二位，是我国经济发展的重要引擎和助推器，尤其是在疫情防控中，数字经济发挥了经济稳定器和压舱石的作用。我国当前拥有全世界最大规模的网络基础设施，同时数据产业增速迅猛，数字技术创新能力也不断提升，数字化治理能力不断提升，便民助民水平不断提高。但我国数字经济在基础设施建设、数字经济与实体经济融合和加强数字经济顶层设计和法律法规完善等方面，还有很多不足。数字经济的快速发展对产业发展带来冲击，主要影响表现在以下几个方面：数字经济促进传统产业的优化提升，数字经济促进新兴产业形成和数字经济重塑需求端，拉动产业结构优化升级。其中数字经济促进传统产业的优化提升又包括推动传统生产方式向智能化、个性化方向变革，推进企业内部流程再造和数字经济改变产业组织方式，激发产业创新力三个方面。数字经济未来发展趋势包括：数字经济赋能经济发展，国际竞争日趋激烈，数字经济推进国际市场更加多元化，数字经济人才紧缺，数据基础设施与安全保护成为关键等。

数字经济驱动制造业服务化转型，可以从技术创新驱动、新商业模式驱动、产业融合驱动、风险约束驱动和协调发展驱动五个维度构建数字经济驱动制造业服务化转型的机理模型。根据数字经济的嵌入程度以及对服务化要素和用企关系的驱动重点，构建了三阶段驱动模型，即数字经济驱动服务化要素升级阶段，数字经济驱动服务化关系升级阶段和数字经济驱动服务化融合升级阶段。数字经济驱动服务化要素升级阶段的驱动重点是数字经济帮助制造业获取服务化转型要素，特征是在技术层面对制造业服务化进行帮助和提升，该阶段的主要影响因素是数字经济发展水平，尤其是制造业企业所处地区的行业信息化基础设施的发展水平。数字经济驱动服务化关系升级阶段的驱动重点是改变传统企业的价值链模型，将顾客置于价值链核心而实时与其进行互动，特征是在制造业企业与用户的关系方面进行改善和提升，该阶段的主要影响因素是数字经济与制造业企业的融合度，尤其是企业本身对数字经济的接受度和应用度，将直接影响数字经济对制造业企业服务化转型的驱动力。数字经济驱动服务化融合升级阶段的驱动重点是对制造业服务化进行综合升级，特征是产业开放式发展，产业生态得到重塑，该阶段的主要影响因素是该地区市场的开放度、自由度和规范性，高度发达的开放市场下数字经济可以更好地加速制造业服务化融合升级，而规范市场监督引导和纯净的市场竞争环境更有利于产业融合创新。

对全国的制造业服务化研究结果显示：（1）东、中、西部地区各省份制造业服务化水平普遍上升，西部地区各省制造业服务化水平平均上升0.047，高于东部地区的0.043和中部地区的0.033，可见西部地区制造业服务化水平上升最多，东部地区次之，中部地区最少；（2）就各省份制造业服务化水平增长幅度而言，上升幅度最大的三个省份依次是内蒙古（0.161）、宁夏（0.119）、上海（0.117），上升幅度最小的三个省份为福建（−0.047）、湖南（−0.012）、新疆（−0.006）；（3）就各省份制造业服务化水平排名而言，2010年至2019年间排名上升幅度最大的三个省份依次为内蒙古（+24）、湖北（+14）、上海（+11），排名下降最大的三个省份依次为湖南（−16）、福建（−15）、安徽（−14）。

对数字经济研究结果表明：（1）样本期初的2010年数字经济发展水平最高的三个省份分别为北京（0.478）、上海（0.293）、天津（0.258），发展程度最低的三个省份分别为云南（0.061）、贵州（0.081）、江西（0.082）；（2）样本期末的2019年数字经济发展水平最高的三个省份分别为北京（0.730）、浙江（0.593）、江苏（0.511），北京市的数字经济发展水平始终保持首位，发展程度最低的三个省份分别为新疆（0.247）、广西（0.250）、贵州（0.256）；（3）2010年至2019年数字经济发展水平排名提升最大的是江西（+13）、四川（+12）、云南（+8），排名下降最大的是山西（−14）、吉林（−13）和黑龙江（−8）；（4）提升幅度最大的是浙江（+0.345）、江苏（0.281）、四川（0.273），最小的是山西（0.122）、吉林（0.123）、黑龙江（0.143）；（5）样本期内东部地区省份数字经济发展水平平均增长0.222，高于中部省份的0.179和西部省份的0.199；（6）从均值来看，东部地区各省的数字经济发展情况相对较好，中西部地区发展水平则相对较差且较为接近；从标准差来看，东部地区的标准差最大而中部地区的标准差最小，意味着东部地区各省的数字经济发展水平较为不均衡，而中部地区各省数字经济发展水平相对较为均衡。

数字经济驱动制造业服务化转型的关联效应中，（1）东部地区数字经济发展水平是制造业服务化的格兰杰原因，中部地区和西部地区二者互相不具有显著的因果关系。（2）各省制造业服务化与数字经济的耦合度表现出不同的变化趋势，云南、新疆、贵州等省份的耦合度指数在样本期内实现持续增长，上海、北京、天津等省份的耦合度则在较高水平上保持相对稳定的状态，山东、广东、江苏、浙江等省的耦合度则表现为波动中下降的趋势；各省的耦合协调度指数则无论省份发展程度如何均表现出了持续增长的趋势，原因在于各省数字经济发展水平与制造业服务化水平的普遍增长。（3）耦合度方面，东部地区耦合度随时间区域下降，中部地区耦合度随时间变化趋势不明显，西部地区的耦合度则随时间具有显著提升，其中西部地区的提升速度更快。（4）耦合协调度方面，东、中、西部地区均表现出了显著的随时间提升的趋势，相比于耦合度提升更大，其中西部地区的提升最大，中部地区其次，东部地区提升最小。（5）结合耦合度与耦合协调度随时间的变化趋势可以发现，虽然不同地区间制造业服务化与数字经济耦合度的变化情况存在差异，但耦合协调度均实现了提升，其原因在于各地区制造业服务化与数字经济两个系统的综合评价得分实现了普遍提升。因此耦合度与耦合协调度随时间的变化趋势表明从我国整体来看，制造业服务化与数字经济实现了耦合协调发展。

数字经济驱动制造业服务化溢出效应的实证结果显示：（1）数字经济对于资本与知识密集型服务化（商务服务业、信息服务业、研发服务业和金融服务业）的拉动作用相较于劳动密集型制造业服务化较小。（2）三个地区的数字经济发展水平对整体制造业服务化水平均存在显著的拉动作用，其中对东部地区的影响最大（0.0568），西部地区其次（0.0530），中部地区最低（0.0254）。（3）数字经济对资本与知识密集型制造业服务化的拉动作用仅在中部地区显著（0.264）；数字经济对劳动密集型服务化的拉动作用则在东部与西部地区显著，对东部地区的影响最强（0.511）。（4）分地区来看，东部地区数字经济对资本与知识密集型的拉动作用并不显著，而对劳动密集型服务化的拉动作用显著；中部地区数字经济仅对资本与知识密集型服务化有显著的拉动作用（0.264），这体现了中部地区各省数字经济驱动传统产业转型升级的重要成果，湖北、湖南、河南等中部地区各省在2022年政府工作报告中均对此做出了进一步规划与展望。西部地区数字经济则仅对劳动密集型服务化有促进作用（0.491），意味着西部地区数字经济对服务化的推动作用目前仅限于技术含量相对较低的批发零售及物流仓储领域。

数字经济对于各类细分服务化溢出效应的回归结果显示：（1）数字经济对于租赁和商务服务（0.796）、批发零售（0.698）、交通运输和仓储（0.343）具有显著的促进作用；对于金融（−0.496）、信息技术服务（−1.282）具有显著的负向影响；对科学研究服务化不具有显著的影响。（2）东部地区数字经济对各类细分服务化的促进作用从高到低依次为租赁和商务服务（0.796）、批发零售（0.698）、交通运输和仓储（0.343）、金融（−0.496）、信息技术服务（−1.282）；中部地区数字经济对各类细分服务化的促进作用仅在租赁和商务服务（0.852）以及信息技术服务（−0.526）两个行业中显著，其余类型的服务化均不显著；西部地区从高到低依次为批发零售（0.541）、租赁与商务服务（0.439）、交通运输和仓储

（0.424）、金融（－0.113）、信息技术服务（－0.678）、科学研究和技术服务（－0.631）。（3）总体来看，各类细分服务化中受数字经济拉动最大的是租赁和商务服务，原因在于租赁和商务服务业是数字经济产业的密切上游行业，数字经济的发展能够有效推动租赁和商务服务业提升创新效率、拓展创新空间、提高产出产品和服务的质量。（4）数字经济发展水平对制造业金融服务投入的影响仅在中部地区表现为正，近年来中部地区数字普惠金融的快速发展印证了这一回归结果。（5）数字经济发展对信息传输、软件和信息技术服务的影响在各个地区普遍表现为负，数字经济对科学研究和技术服务的影响仅在东部地区表现为正。其原因在于样本期内我国制造业信息传输、软件和信息技术服务与科学研究和技术服务两类服务投入的占比相对极低，仅占制造业中间投入总量的1.59%以及生产性服务投入总量的不足8%，较低的绝对数值导致了回归结果的不稳定。

风险约束效应实证结果显示：（1）数字经济发展水平对不良贷款率具有显著的负向影响，数字经济发展水平每提升1单位，不良贷款率下降10.90，证明数字经济发展水平的提升能够有效抑制商业银行的不良贷款率，实现对市场风险的约束。（2）东部地区数字经济发展水平对商业银行不良贷款率的负向作用最强（－13.82），其次为中部地区（－13.20），西部地区数字经济发展水平对不良贷款率不具有显著的影响。

数字经济对制造业服务化区域协同效应的实证结果显示：（1）全国范围以及东、中、西部地区区域内部制造业服务化水平均不存在

σ 收敛，而是呈现出区域内进一步分化的发展趋势。（2）全国及各地区的制造业服务化水平均存在 β 收敛，其中东部地区收敛速度最快，中部地区其次，西部地区收敛速度最慢。（3）全国范围内、东部地区和西部地区区域内部的数字经济发展水平能够显著提升区域内制造业服务化水平的 β 收敛速度，数字经济对东西部地区制造业服务化水平的协同发展有显著的促进作用；但中部地区数字经济发展水平对区域内制造业服务化水平的 β 收敛速度没有显著影响，不能推动中西部地区各省制造业服务化的协同发展。

上海市 2010—2019 年制造业服务化以及细分的资本与知识密集型服务化、劳动密集型服务化的测算结果显示，上海市各类服务化水平均有显著提升。样本期初上海市劳动密集型服务化水平排名处在全国各省中下游位置，排名第 17 位，而整体制造业服务化水平与技术水平较高的资本密集与知识密集型服务化水平排名相对较高，分别位列第 13 位与第 11 位。至样本期末，上海市各类服务化水平均实现较大提升，资本密集与知识密集型服务化水平处在全国首位，但由于劳动密集型服务化水平排名相对较低，整体服务化水平排名全国第 4 位。

上海市数字经济发展水平测算结果显示，样本期内上海市数字经济发展水平排名由第 2 位下降至第 4 位；数字基础设施发展水平由第 2 位下降至第 5 位；数字企业应用水平排名由第 2 位下降至第 3 位；数字创新水平排名相对较低，约为第 5—6 位。

数字经济驱动制造业服务化转型的关联效应中，上海市数字经济发展水平为制造业服务化水平的格兰杰原因，制造业服务化与数字经济的发展处于高度协调状态；耦合协调度在样本期内持续上升，反映了上海市制造业服务化水平与数字经济发展水平的持续提升。

数字经济驱动制造业服务化溢出效应的实证结果显示，上海市数字经济发展水平对整体制造业服务化水平、知识与资本密集型服务化水平不具有显著促进作用，而对劳动密集型服务化水平具有显著的促进作用。其中数字经济发展水平每提升 1%，劳动密集型服务化水平提升约 3.61%。

数字经济的风险约束效应实证结果显示，上海数字经济发展水平对不良贷款率具有显著的负向影响，意味着上海市数字经济发展水平的提升能够有效抑制商业银行的不良贷款率。

历任美国政府都将数字经济作为发展的重点对象，并出台了一系列推动数字经济发展的政策法规和相关举措，长期的前瞻性举措使美国数字经济发展水平居世界首位。先进服务业是美国发展制造业服务化的坚实基础，美国政府特别重视制造业企业向服务化转型，并从建立市场秩序、相关人才培养、产学研一体等多个领域为制造业服务化转型提供环境。自工业互联网概念提出以来，美国工业互联网联盟这一行业组织在推动制造业与服务业深度融合的过程中发挥了重要作用，在工业互联网相关体系架构研究、应用案例征集、测试床建设以及商业部署支撑能力建设等方面做出巨大贡献。日本数字经济起步较晚，但在近几届政府推动下也有了一定发展，目前仅次于美国、中国、德国，位列全球第四。虽然日本数字经济发展也偶有亮点，如2020年6月“富岳”超级计算机运算速度排名登顶世界第一，但总体来看日本数字经济发展仍较为滞后，这一停滞现象表现在社会生活的方方面面。随着日本数字经济的发展，数字经济愈发成为制造业升级转型的重要动力。2017年3月，日本首相安倍晋三首次提出“互联工业”的概念。日本制造业著名企业小松依托数字化的服务化使公司保持长久的竞争力，其建立产品领先优势的过程分产品、服务、信息三步走，产品的性能优势只是建立“绝对优势”的第一阶段，进而还要实现服务和信息的优势建立。韩国的数字竞争力在2021年首次跻身全球前十，韩国数字经济得以快速发展的原因之一在于政府的高度重视，2021年7月韩国进一步推出“数字新政2.0”，在1.0版本的基础上进一步强调了数字化投资，促进网络连接虚拟平台、区块链和计算技术的发展。同时，“数字新政2.0”重点打造“数据大坝”项目，计划在2025年前，在“数据大坝”中打造1300余个支持AI学习功能的数据库和31个不同种类的大数据平台。韩国政府为制造业提供长期融资优惠政策，同时以税收优惠政策推动制造业技术创新，长久以来对制造业的政策扶持为制造业的服务化转型创造了有利条件。

当前，与发达国家相比我国数字经济驱动制造业服务化存在一些亟待解决的瓶颈问题。如数字经济发展优势不突出，数字经济对制造业服务化转型的推动力有待进一步提升，区域间发展不均衡等。究其原因，还存在以下深层次的障碍：缺乏顶层设计、内在驱动力不足、治理能力和监管水平有待提升，人才缺口大。推进数字经济驱动制造业服务化转型的总体思路为提升数字经济发展水平，加速制造业服务化转型，推进二者融合。推进数字经济驱动制造业服务化转型，需要遵循理念创新、制度完善、机制创新、技术更新等原则。推进数字经济驱动制造业服务化转型，要注重以下机制的建设。差异推进机制主要包括以下两个方面：一方面是地区差异推进，另一方面是所有制差异推进。平台搭建机制要重点搭建以下三类平台，一是数字经济发展平台，二是制造业服务化转型的平台，三是数字经济推动制造业服务化转型的平台。人才培养机制要注重既有制造业背景，也能利用现代数字化技术针对客户个性化需求开展服务和商业模式创新的复合型人才培养。风险管控机制一方面鼓励企业建设自己的风险控制管理系统，另一方面，要加强政府监督和引导，为企业提供良好的市场环境和生态。服务数据价值化治理机制是要将服务数据价值作为产业发展的关键进行治理，如建设服务基础数据交流共享平台、加强服务数据安全保障等。推进数字经济驱动制造业服务化转型的具体路径包括：建设数字经济驱动制造业服务化转型示范企业库；为企业转型提供资金和技术平台支持；优化监管方式，鼓励支持创新；推进人才培育和引进，加快发展相关职业教育；加大新基建的投入，为企业转型提供底层支持；加快数据标准建设，完善相关法律法规。

参考文献

[1] 安筱鹏:《重构：数字化转型的逻辑》，电子工业出版社 2019 年 12 月。

[2] 芮明杰:《中国新型产业体系构建与发展研究》，上海财经大学出版社 2017 年 9 月。

[3] 陈迎、潘家华、谢来辉:《中国外贸进出口商品中的内涵能源及其政策含义》，《经济研究》2008 年第 7 期。

[4] 俞海峰:《中国产品内贸易对环境的影响——基于规模、结构、技术三效应的分析》，《哈尔滨商业大学学报（社会科学版）》2014 年第 2 期。

[5] 方鸣:《投入服务化对工业行业环境技术效率的影响研究》，《江淮论坛》2015 年第 6 期。

[6] 胡昭玲、夏秋、孙广宇:《制造业服务化、技术创新与产业结构转型升级——基于 WIOD 跨国面板数据的实证研究》，《国际经贸探索》2017 年第 12 期。

[7] 姜铸、李宁:《服务创新、制造业服务化对企业绩效的影响》,《科研管理》2015 年第 5 期。

[8] 李碧珍、蔡云清:《制造业服务化转型对能源消耗水平影响的测度——基于中国 39 个行业面板数据的实证分析》,《东南学术》2021 年第 5 期。

[9] 梁敬东、霍景东:《制造业服务化与经济转型:机理与实证》,《首都经济贸易大学学报》2017 年第 2 期。

[10] 刘斌、魏倩、吕越、祝坤福:《制造业服务化与价值链升级》,《经济研究》2016 年第 3 期。

[11] 刘继国、李江帆:《国外制造业服务化问题研究综述》,《经济学家》2007 年第 3 期。

[12] 刘继国:《制造业服务化带动新型工业化的机理与对策》,《经济问题探索》2006 年第 6 期。

[13] 刘继国:《制造业企业投入服务化战略的影响因素及其绩效:理论框架与实证研究》,《管理学报》2008 年第 2 期。

[14] 刘维刚、倪红福:《制造业投入服务化与企业技术进步:效应及作用机制》,《财贸经济》2018 年第 8 期。

[15] 龙飞扬:《制造业投入服务化的内在动因、典型事实与可行策略》,《经济研究参考》2022 年第 7 期。

[16] 罗军:《服务化发展与制造业全球价值链地位——影响机制与门槛效应》,《当代财经》2018 年第 11 期。

[17] 吕越、陈帅、盛斌:《嵌入全球价值链会导致中国制造的

“低端锁定”吗?》,《管理世界》2018 年第 8 期。

[18] 彭继宗、郭克莎:《制造业投入服务化与服务投入结构优化对制造业生产率的影响》,《经济评论》2022 年第 2 期。

[19] 石敏俊、夏梦寒、张红霞:《制造业服务化对制造业劳动生产率的影响》,《社会科学战线》2020 年第 11 期。

[20] 王思语、郑乐凯:《制造业服务化是否促进了出口产品升级——基于出口产品质量和出口技术复杂度双重视角》,《国际贸易问题》2019 年第 11 期。

[21] 许和连、成丽红、孙天阳:《制造业投入服务化对企业出口国内增加值的提升效应——基于中国制造业微观企业的经验研究》,《中国工业经济》2017 年第 10 期。

[22] 杨蕙馨、孙孟子、杨振一:《中国制造业服务化转型升级路径研究与展望》,《经济与管理评论》2020 年第 1 期。

[23] 杨玲:《生产性服务进口贸易促进制造业服务化效应研究》,《数量经济技术经济研究》2015 年第 5 期。

[24] 张体俊、黄建忠、高翔:《制造业投入服务化、产品质量与价值链分工:嵌入位置及升级模式》,《国际经贸探索》2022 年第 8 期。

[25] 赵书华、张弓:《对服务贸易研究角度的探索——基于生产要素密集度对服务贸易行业的分类》,《财贸经济》2009 年第 3 期。

[26] 赵艳萍、潘蓉蓉、罗建强、王友发、杨子超:《产业环境

视角下中国制造业服务化与企业绩效关系研究》,《软科学》2021 年第 3 期。

［27］赵振:《“互联网 +” 下制造企业服务化悖论的平台化解决思路》,《科技进步与对策》2016 年第 6 期。

［28］周大鹏:《制造业服务化对产业转型升级的影响》,《世界经济研究》2013 年第 9 期。

［29］周念利、郝治军、吕云龙:《制造业中间投入服务化水平与企业全要素生产率——基于中国微观数据的经验研究》,《亚太经济》2017 年第 1 期。

［30］祝树金、谢煜、段凡:《制造业服务化、技术创新与企业出口产品质量》,《经济评论》2019 年第 6 期。

［31］Rifkin J., *The Third Industrial Revolution*: *How Lateral Power is Transforming Energy*, *the Economy and the World*, Landon: Palgrave Macmillan, 2011.

［32］Bukht, R. and Heeks, R., Defining, Conceptualising and Measuring the Digital Economy, *International Organisations Research Journal*, 2018 (2): 143—172.

［33］Cohen M. A., Winning in the Aftermarket, *Harvard Business Review*, 2006, 84 (5): 129—138.

［34］Duarte M., Restuccia D., Relative Prices and Sectoral Productivity, *Journal of the European Economic Association*, 2020, 18 (3): 1400—1443.

[35] Kastalli I. V., Looy B. V., Servitization: Disentangling the impact of service business model innovation on manufacturing firm performance, *Journal of Operations Management*, 2013, 31 (4) 169—180.

[36] Lucas R. E., Making a Miracle, *Econometrica*, *Econometric Society*, 1993, 61 (2): 251—272.

[37] Mathieu V., Service strategies within the manufacturing sector: benefits, costs and partnership, *International Journal of Service Industry Management*, 2001, 12 (5): 451—475.

[38] Moreno R., Lopez-Bazo E., Artis M., Public infrastructure and the performance of manufacturing industries: short- and long-run effects, *Regional Science and Urban Economics*, 2002, 32 (1): 97—121.

[39] Neely A., Exploring the financial consequences of the servitization of manufacturing, *Operations Management Research*, 2008, 1 (2): 103—118.

[40] Rahman J., Zhao T., *Export Performance in Europe: What Do We Know from Supply Links*? Imf Working Papers, 2013, 13 (62).

[41] Reiskin E. D., White A. L., Johnson J. K., Votta T. J., Servicizing the Chemical Supply Chain, *Journal of Industrial Ecology*, 1999, 3 (2—3): 19—31.

[42] Rothenberg S., Sustainability through Servicizing, *MIT*

Sloan Management Review，2007，48（2）：83—90.

［43］Szalavetz A.，“Tertiarization” of manufacturing industry in the new economy. Differences in Hungarian companies，*IWE Working Papers*，2003，3（2）：13—25.

［44］Timmer M. P.，Dietzenbacher E.，Los B.，Stehrer R.，de Vries G. J.，An Illustrated User Guide to the World Input-Output Database：the Case of Global Automotive Production，*Review of International Economics*，2015，23：575—605.

［45］Vandermerwe S.，Rada J.，Servitization of business：Adding value by adding services，*European Management Journal*，1988，6（4）：314—324.

［46］Wood A.，World Trade Report 2014-Trade and development：Recent trends and the role of the WTO，*World Trade Review*，2015，14（3）：546—548.

后　记

当前，新一轮科技革命和产业变革正在重构全球创新版图、重塑全球经济结构，数字技术、数字经济作为世界科技革命和产业变革的先机，日益融入经济社会发展各领域全过程，全球经济数字化转型已是大势所趋。制造业服务化转型，是顺应新一轮科技革命和产业变革、提升制造业核心竞争力和实现高质量发展的必然选择。长期对生产性服务业和制造业服务化的关注，推动我一直在研究数字经济与制造业服务化的关系，在本书付梓之际，感慨万千，这本书是我的第三本学术著作，凝聚了很长时间的研究心血，也是我对所研究领域的又一次深入探索。

在撰写过程中，遇到了诸多挑战，但也收获了许多宝贵的经验和成长。我要感谢那些在我研究过程中给予帮助和支持的领导、老师和朋友们，没有你们的鼓励和指导，这本书不可能完成。尤其要感谢我的家人一直以来给予的关心和支持，你们永远是我最坚实的后盾。在本书写作期间，爱女周怡辰诞生，谢谢你给我的生命增添了色彩，让幸福变得具体、真切，谨以此书献给你。

学术研究是一个不断前进的过程，我将继续努力，为推动学术发展贡献自己的力量。

2024 年 3 月于上海

图书在版编目(CIP)数据

数字经济与制造业服务化转型/周静著.—上海：
上海人民出版社，2024
ISBN 978-7-208-18820-4

Ⅰ.①数… Ⅱ.①周… Ⅲ.①制造工业-服务经济-
研究-中国 Ⅳ.①F426.4

中国国家版本馆 CIP 数据核字(2024)第 058214 号

责任编辑 吕桂萍
封面设计 谢定莹

数字经济与制造业服务化转型
周 静 著

出 版 上海人民出版社
(201101 上海市闵行区号景路 159 弄 C 座)
发 行 上海人民出版社发行中心
印 刷 上海新华印刷有限公司
开 本 720×1000 1/16
印 张 15
插 页 3
字 数 150,000
版 次 2024 年 4 月第 1 版
印 次 2024 年 4 月第 1 次印刷
ISBN 978-7-208-18820-4/F·2869
定 价 68.00 元